國體擁護日本憲政本論

寺内正毅題字　二宮熊次郎序文
加藤弘之序文　加藤房藏著

大正二年發行

國體擁護日本憲政本論

日本立法資料全集　別巻
1239

信山社

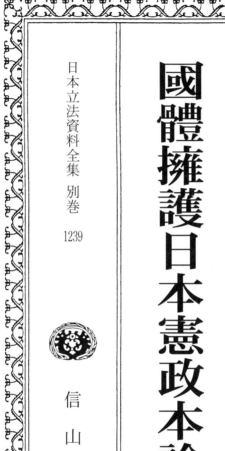

朝鮮總督伯爵寺内正毅題字二宮熊次郎序文
文學博士法學博士男爵加藤弘之序文加藤房藏著

國體擁護日本憲政本論

東京　良明堂

不磨之大典

正毅題

序

加藤房藏君が今回憲政論を著述せられた由にて余に序を求められた然るに余は頃日少しく胃病に罹り居ることゝて該書を精讀するを得ざれども概畧讀過したのであるが其中に余の首肯し難き點も往往ないではないけれども併し其論旨の大體に於ては大に一致する所があることゝ信ずるのである。

著者の論旨の大體を窺へば吾邦は他各國と其建國の根原を異にして吾が君民の關係は全く父子の親愛より成立して居る吾國體の本源は全く此父子の親愛より生ずるのである而して此點が他各國の君民の關係と全然相異なる所以てある然るに世の學者又は論客の多くは動もすれば此の如き道理を知らず又多少知るも敢て注意を用ひずして一に歐洲各國の主義を以

て之を吾邦に適用せんとするのであつて、これが根本に於て全く謬り隨て遂に吾國體を害するに至ることとなるといふのである。

著者の此の如き論旨は余の最も賛同する所であつて余は既に舊著「道德法律進化の理」「自然界の矛盾と進化」及び「自然と倫理」に右等の意味を概論して居るのである、ところが著者の慨歎する如く吾邦の學者又は論客の多くは殆ど吾邦の建國の他各國と大に異なる所以に氣付かずして吾が憲法を見るに一にも二にも歐洲各邦の憲法と同一視し甚だしきは吾が憲法を解釋するに歐洲學者の憲法論其儘を以てせんとする者さへあるのであるが實に歎息せねばならぬ次第であると思ふ。

萬世一系の吾が皇室と易性革命の各國王室とを全く同一視して其歷史の相違に毫も頓着せず殆ど一涯に論定せんとする

が如きは實に謂はれなき輕擧否暴擧と云はざるを得ぬことである例へば議會の權力は最大最上のものであつて吾が至尊は一に議會の決議に從はせたまはねばならぬように考て居るが如きは實に以ての外の事とせねばならぬ吾が憲法第五條には何とある乎「天皇は帝國議會の協贊を以て立法權を行ふ」とあるではない乎又第六條には「天皇は法律を裁可し其公布執行を命す」とあるではない乎然るに學者論客は動もすれば天皇の此大權を全く空文に付せんとして居るではない乎。

但し天皇は固より公議輿論を重ぜられることと恐察し奉ることであれば成るべく議會の決議を取らせられることであらうなれども併し、それにも拘はらず天皇が其御斷定に依て立法權を行ひ議會の決議せる法律を裁可せられる大權は憲法上甚だ明かなる所にして毫も疑ふべき點は存せぬのである。

然るに歐洲に心醉せる多くの學者論客の如きは右憲法の第五條第六條を殆ご空文視して議會の權力を最大最上のものの如くするのであるから實に道理の立たぬことごせねばならぬ但し此の吾天皇の大權は歐洲の君主國でも大抵は同樣であつて議會が如何に決議するも君主の裁可なき以上は其決議は決して法律ごはならぬのである。

尤も實際上には議會の決議した法律は大抵は君主の裁可あるは當然のここになつて居るけれごも併し、それは決して憲法的ではない唯便宜上餘儀なき習慣ごなつて居るのである殆ご民主國に近き英國ご雖憲法上(不文憲法)には君主の權力は最大最上である況や獨乙帝國及び獨乙各邦國、墺地利國、伊太利國等の如き皆其通りである。

議會の權能を以て之を立法權ご稱するのは通例の事になつ

て居るけれども余は、それを甚だ間違つたことゝ考へる立法權は獨り君主にあつて議會は唯議法權を有して居るのみの事である尤も共和政治國では左樣でなくして通例議會の決議が最終であつて、それが直に立法權であるが併し北米合衆國の如きは大統領が議會の決議を是認せぬときには議會の決議を禁止する權利がある、けれども議會の員數の四分三が猶舊決議を固執するときは矢張議會の決議が遂に其儘法律となるのである。

左樣なる次第であるから君主には裁可權があるが大統領には唯條件的禁止權があるのみである決して裁可權はないのである然るに今日學者論客の說は動もすると議會の決議權を立法權と稱して、それを最大最上の權力と認め議會の可否した法律案は君主と雖如何ともすることの出來ぬように認めて居るのであるが、それは吾憲法に反するのみならず歐洲各國の憲法にも反することであつて唯實際上殆ど左樣になつて居るのみのことである。

歐洲各國は如何もあれ吾邦は建國以來の歷史が全く異なつて居て吾邦の君民の關係は啻に君民たるのみならず其實父子の關係即ち族父族子の關係であるから余は吾國體を族父統治と稱して居るのであるが、それゆへ議會の權能を以て最大最上のものとして至尊の大權を蔑如するが如きは決して許すべきでないと信ずる。

次に大臣任免の事に就ても學者論客が動もすれば全く憲法に反する議論をなすのであるが、それには甚だ近い例がある近頃の政變に就て政友會が新內閣に對して提出した質問の中に某大臣の任命を奏請したのは誰である乎といふような箇條があつたが蓋し齋藤海軍大臣の留任に就ての奏請を指すのであらう新内閣首相が齋藤海軍大臣の自ら留任を承諾せぬのに就て殆ど窮迫の餘り無理に引留めるために奏請の如き甚だ非立憲的なることをしたのは如何なることである乎といふ意味の質問であらうと思はれる。

けれども左様なる奏請が決して非立憲的である抔といふことは出來ぬ尤も先帝の御世から内閣交迭の時に際し至尊が先づ首相を御内定になつて其人に内閣の組織を命ぜられるようになつて居るようにも伺はれるのであるけれども併し左様なる事は決して憲法の規定ではない憲法上では至尊が適任と信じたまふ者を各省大臣として御任命あるのが當然であつて首相とせらるべき人に内閣の組織を命ぜらるといふのは唯至尊の御便宜からのみ出ることである。

憲法には第十條に「天皇は中略文武官を任免す」とある、それゆへ文武百官は凡て至尊の御意の儘に任免せらるるのが當然であつて何人の奏請を待ちたまふ道理もないが又大臣が奏請しても決して不都合はない奏請を御採用になることもあらうし、又御採用にならぬこともあらうし、それは全く御意の儘であつて全く至尊の大權にあることである。

して見ると政友會は却て自己が非立憲的質問を提出して内閣の奏請を非立憲的と看做して居る譯で甚だ不都合なことである。

因みに論するのであるが今日の處では政友會なるものは衆議院で大多數を占めて居るのであるから政友會の主義は當然天下の公議輿論である乎の樣に見え又政友會自身も左樣に主張するけれども實際衆議院議員の選擧に就て見れば多數は金を撒くと歟又は其他種々の御馳走政畧に依て出來た議員であ

るから、それ等の者の言ふ所を以て天下の公議輿論抔と見ることは決して出來ぬ衆議院議員の選擧が專ら被選者の主義政見に出るものなれば立派なものであつて左樣なる議員ならば實に天下の公議輿論を表現するものと言ひ得られるなれども今日の政友會の如きは實に賴みにならぬものである。

今回の政變に依て今後の政黨は必ず主義政見を土臺として選擧されるようにならんことを望むのである本書の著者は政黨に就ても種々論ぜられて居るが政黨論に就ては余は立派なる政黨が存して相競爭するのを必要と考へる何故乎ならば左樣に立派なる政黨ならば、それこそ實に天下の公議輿論を表現するものであるから至尊が議會の議法に就て御裁否を定めさせられるに甚だ御便宜であるからである、けれども政黨論に就ては著者の論旨と余の論旨とは一致せぬ點があるやうなれども是れは各見る所が違ふから致し方は、ないこ思ふ。

余は不肖ながら學問上の議論は何學科に限らず必ず自然科學に依據せねばならぬこ信ずるのであるから國家の事に就ても成るべく同一方法を用ひて既に舊著「道德法律進化の理」「自然界の矛盾こ進化」及び「自然こ倫理」に概論して居るのであるが實は國家に就て猶詳密に論究する考であるけれごも近來不健康のために未だ果さぬのであるが自然科學的に論究すれば國家の事も必ず從來余が主張するような主義になるここ考へる決して多くの學者論客の信ずるが如き道理のものではあるまいこ思ふのである。

多くの學者論客の氣に入らざる論を主張して序こす。

大正二年二月四日

加藤弘之

序

帝國憲法の發布以來已に廿餘年、其大義を解せざる者益、多きは歎ず可きなり、近日政黨者流及び操觚者輩、頻りに立憲的及び非立憲的を云々す、而して其の謂ふ所を審かにすれば、則ち民主的及び非民主的と云ふに外ならざるなり、是れ豈に我が日本帝國の憲法を知れる者と云ふ可けんや。

世には英國の政黨政治を以て憲政の極致と爲す者あり、是等の徒は英國の政黨政治に似ざる者を以て直ちに非立憲的と爲す、其愚笑ふべきは論なし、抑、亦我が國史國體を無視するの過ちを奈何せんとするや。

友人加藤扶桑君此に慨する所あり、頃者憲政本論を著して、我が國體を彰かにし、併せて我が憲法の大義を明かにす、其の細目時に首肯し難きものなきに非ずと雖も、其の大綱に至りては、即ち正々堂々として實に光明赫灼なる者あり、此書一たび出づ、思ふに彼の民主々義を以て立憲的となし、然らざる者を以て非立憲的となし、蠢々として政界に雜糅する者をして、飜然改過せしむるに足らん乎、病已に膏盲に入れる者は、或は之を醫すべからずとせんも、世の未だ惑溺せざる者を拯ふて、過ちに陷らしめざるの功あるは、余の信じて疑はざる所なり、余素より君を勸めて其著を公けにせしむる者、今や印刷成りて序を徵せらる、敢て辭すべきに非ざるなり、便ち之を書して之を贈ると云ふ。

大正癸丑紀元節

二宮孤松

例言

一、本論文の趣旨は、國體と國史とに基づきて憲法の精神を說き、議會の本分並に大臣の職責を論究し、及び政黨內閣制の果して本朝に採用するを得べきや否やを斷定するに在り。

一、予の此稿を起しゝは昨春に在り、故に固より政界の現局に感じて執筆したるに非ず。然れども予は政局が竟に現況の如き變態に陷らんことを憂慮し、事前に於て聊か啓蒙の任務を盡さんと欲して起稿したり。然るに局面は急轉直下の勢を以て轉變し、吾が豫前の調劑の、恰も發病者の爲に盛りたる藥劑の如くなりしは、幸か不幸かを知らず。頗に時病を救ふの一助とならば、實に著者の本懷なり。

一、論文の目的は、政界に橫溢する惡思想を驅逐撲滅せんとするに在り。則一個の政論にして、學説上の論文に非ず。然れども政論の基礎亦學理の上に在り、且國法學者の異義を大憲に挾む者に對しては、自ら學理に依りて之を論破せざを得ず。行文の往々乾枯に失するは、單り著者淺學菲才の罪のみに非ず。

一、本論文を見て、所謂官僚系を掩護する者と誤想する勿れ。予は國體擁護者なり、憲法擁護者なり、所謂官僚系の辨護人に非ず。若國體を毀り憲法を傷ふ者あらんか、官僚と云はず黨人と云はず、齊しく皆我敵なり。元來官僚系と呼ばるゝ者の中、其の行藏云爲の非難すへき者尠しとせず。然れども官僚系が國家(勿論國民を包含す)を本位となし、且時務に通ずるは、政黨者が政黨を本位となし(國民を度外し)時務を知らざるに優る數等なるは、予の確認する所なり。是れ故に方今倶に與に經國濟民の事を談すべき者は、政黨者にあらずして寧ろ官僚系に在るここを明言す。若此の由を以て吾を官僚系の掩護者なりこ謂はゞ其の謂ふ所に任す。

一、稿本印刷に先ちて先輩諸名家の一讀を經たり。就中加藤老博士が病中にも關はらず閲讀の勞を取りて長篇の序文を寄與し給ひしは、著者の感謝に堪へざる所、又畏友二宮熊次郎氏法學博士上杉愼吉氏より有益なる助言を與へられしは特に鳴謝する所なり。然れども全篇の論旨、素こ著者一人の私見に屬するを以て、責任獨り著者に在り、毫も諸氏を累はすことなきを茲に明記す。

大正二年二月輦轂の下に政治的暴動の起りし日

加藤房藏

目次

結論

國體擁護日本憲政本論目次終

国體擁護

日本憲政本論

加藤房藏　著

序論

嘗試に國體の意味乃至憲法の旨義如何を問ふ、惟ふに三尺の童子と雖も應答に躕躇せさるへし。然るに其の正解を求むるに及んでは大人先生と雖も之に對ふるを難かる所なり。加之學者政治家、叨に異義を大憲に挾み、之を異邦の憲章に比擬して曲解を下す者あり。甚しきに至りては、博士教授の徒、帝國憲法を詿蹟するに、君主と議會との兩者は共に國家を構成するの機關なりとの説を以てするあり、更に極端に走りて、主權君主に在るは形式にして主權の實體は國民に在りとの思想を懷く者ありと云ふ。豈驚くへきの秕謬に非すや。正解既に得易からすして、誤想曲解又之に踵く。國體の本義と憲法の精神との動もすれば晦朦に附せらるゝ洵に止むを得ざるなり此に於てか政客相率ゐて議會萬能論を唱へ、立憲大臣の責任は議會に對する者なるの説をなし、政黨内閣制は立憲政治の極致なりと信するに至る。曰く憲政の擁護、曰く責任内閣、曰く憲政有終の美、是れ當今俗間の流行語にして、其の意を質せば畢竟政黨の嚮背に由りて大政を左右せんとするに在り。此の如きは分明に國體の破毀にして、同時に憲法の違犯なり。彼れ國體を傷り憲法に忤ふの言動を敢てしながら、自稱して憲法擁護者と謂ふ、恰も盜兒の人家を警衛すと謂ふか如し。而して無學無識の徒は之に雷同し、政權競爭者は之を害用し、以て益、兇焰を煽り、勢底止する所を知らず。眞に天下の咄々怪事なり。

顧るに帝國憲法實施以來既に二十餘年を經、内閣を更むる十二回、議會を開く二十九回に及べり。年所を歴る未だ久しからさるも、經驗を積む必しも淺しと謂ふへからず。然るに憲政に關する智識の淺薄にして、狂悖の言議世間に横流するや則此の如し。之をして明治二十年前後、自由民權論の餘熱未だ冷却せさる時代に在らしむれば尙恕すへきの情なきに非すと雖も、憲政の實歷既に幾春秋に亘り、世は大正の新時代に遷れる今日に於て、陳腐なる政黨政治論の囂々たるを聞くは、予輩實に其の何の狀たるを解する能はず。抑々國家統治の大權は天皇の總攬し給ふ所、天下何者と雖も之を干犯するを得ず、官職は國家の公器、固より一族一階級の專有すべき者に非されば、所謂官僚なる一部屬の壟斷に歸すへからざると同時に、又斷して黨派なる一部屬の壟斷に歸すへからず。然るに彼の政黨者は、政柄を黨人の手を握り、其の極國家統治の大權を議會に移さんと企つ。何ぞ其の言動の狂悖なるや。彼れ素より己の言動の狂悖なるを認識せさるへしと雖も其の歸宿する所は即簒奪の企圖と何の撰む所かあらん。之をして勢を成さしむれは、元首の大權は空虛に歸せざらんと欲するも能はさるなり。國家の憂患實に焉より大なるはなし。苟も經濟の志ある者の傍觀坐視すへからざるの危機に際す。

抑、國家の憲章は、自國を本位として講究するに依り始めて正解を得べし。國權の淵源議會に在りとなし。憲政有終の美獨り政黨內閣制に依りて濟すべしとするが如きは、偶、外國に於て之あるを得べく斷して本邦の事實に非ず、政黨の爲に慮る所にして、國家の爲に謀るの道に非ず。是れ即ち歐化主義なり、黨本主義なり。我が國本主義日本主義と氷炭相容れざる所の者たり。而して彼の徒僭して憲政擁護者と稱す、嗤ふべきの甚太しきなり。彼の僞稱者より憲法擁護の錦旗を奪還して高く之を我か牙城に掲け、國体と憲法とを堅實に擁護するは實に我等の任務に非すや。然るに世上偶々志を抱く者あるも、皆形勢を觀望して踏躙逡巡し、未だ一人の大義を倡へ逆流を轉回せんと企つる者を見ず。噫二十四郡曾て一人の義士なきや。予輩自ら揣らず、國体の源流を探り大憲の幽微を開き、滔々たる俗論を卻けて立憲帝政の眞義を明にせんとす。洵に一片耿々の心事止めんて欲して止む能はさるに出づ。幸に人心未だ銷磨せず、河北の諸郡相應して奮起せば、回天の業成し難きに非さるを信する者なり。

第一章　國の基礎

國性の不同

國の成立は民族變遷の現象なり。故意に生せず、他造に成らず、自然の推移に因りて國顯はれ國滅ふ。詳言すれば國は人類が適宜の地域に群居雜處し、其の間自ら司配者被司配者の區別を生するに成る、初より或る目的を立て或る方式を具へて形成せらるゝ者に非ず。

國土は各、境地を異にし、民衆は各、境遇を異にす。故に異境に發生する各邦國は原始の時に於て既に皆其の性情を同くせず。此の草創の時に於ける不均一不同等なる各國の性情は、即ち進歩發達せる現今の國家に於ける體制に差別ある所因なり。

各國の體制は由來不同なり。其の不同は國各、境遇に順應して發達長育するが爲に起るの不同なり。而して此の不同なる各國の體制は各自の國に於ては皆比較的に善良の者たり。何となれば體制の不善不良なる邦國は夙に滅亡に歸して今世に存續せざるべければなり。只夫れ各自の邦國に應して善良の者たるが故に、之を他の邦國に移す時は善良なるを必すべからず。啻に善良なるの必すへからさるのみならず、之を他國に移すときは不良不善の結果を生するを當然とす。何となれは國の創成せる實境と其の發達長育の經過との全然同一なる邦國は、事實上有り得べからざればなり。

歴史の事實は動かすべからず。系圖學者は己の欲するまゝに系譜を造り換ふるを得れども、子孫の血管に流るゝ血液は、何人と雖も一滴をも增損する能はず、美術家は模範的の姣顏を造るの技能を有すれども、古來未だ曾て人の顏面を改造したるの例を聞かず。各國の性情體制は自然の鑄冶歴史の成果にして、固有の者たり天禀の者たり、之を改易變造するの難きは、白色人を變して黄色人となすの難きが如し。

然るに各國の體制が國に應して各、宜しきに合ふと謂ふは概説なり。國各々大小强弱を異にする如く、體制にも亦妍醜の差あり、健全不健全の別あり。國運の泰否は必しも體制のみに依りて決せられずと雖も、體制の健全にして完美なることは、國勢隆昌の最大原因たるは爭ふべからず。而して又國の體制は絶對に他に移すへからざるに非ず、多くの歳月と多くの努力とを用ふるときは、甲の體制を乙に移すを得へし。其の事恰も動植物に變種の行はるゝか如し。唯其の効果を見ることの悠久なる年數を要するのみ。故に若し自國の體制に守るへからざるの缺陷あり、又他國の體制に模範となすべき特長ありとせば、之を捨てゝ彼れを採るを良しとす。唯之を遂成するは時日と努力との問題なり、白色紅毛の人種も幾數世代の後には黃色黑髮の人種に變化せしむるを得るなり。

假令缺陷ありとするも自國固有の體制を繼承保維せんとするは、國民たる者の情なり。短を墨守して面目を革めざるの結果或は國運の衰微を來すことなしと謂ふべからずと雖も、而も尙國民的自信の篤きを觀るべし。況や現在の進步せる邦國に於て、自國の存立と絕對に相容れざるの體制を具ふるが如きは、實際上之あらざるをや。若夫れ健全完美なる體制を具ふるの國あらんか、須らく固有の體制を尊重愛護して之を永久に保持するの道を盡すべし、何を苦みてか他に橫倣することをせむ。

人類を國家組成の要素として說明するは國法學者の常なり。事實國は人類の集まれる團体なれは、法律上の觀念を以て、國は人の集合体なりと謂ふは正當なり。然れども國家は社會と形影相伴ひて須臾も相離るべからず。國家ご社會ご自ら別ありご謂ふは、學問上の區別にして事實上の區別にあらず。法律家の國家を説明するは、國家の法律部面を説明する者にして國家全部を説明するに非ず。法律家は權力を基礎こして國家を説明す。權力は國家の依て保たるゝ一個の力なれども、國家は權力の結晶体にはあらず。國家の權力方面を觀察するは法律學の任なるご同時に、更に他方面の觀察あることを忘るべからず。故に權力のみに依りて國家を説明するは、以て法學上の國家を律すべく、以て實際上の國家を盡すべからず。此の見地より國家を觀察すれば、國家の基礎は之を人類の上に置かすして、民族の上に置かざるべからず。

國の單位は家族

人は單形隻影を以て存在するを得す。單形隻影の人は人の形態を具足するも、人たるの資格を有せず、人は對ありて始めて人たるの資格あり。人を權利義務の主體と觀て其の他を觀ざるときは、單形隻影の人も亦人たるの資格を缺くことなしと雖も、國家は長育し且永久に存續することを要件とす、一朝にして發生し一朝にして死滅するは國家の本性にあらず。旣に國家と謂へば。平面に展開する廣さを有すると同時に、直系に連續する所の長さを有する者たり。單形隻影の人の集合は唯平面を有するのみ、直系を有せず。故に國家組成分子の單位は孤立獨存する個々の人にあらずして、直系に連續し得べき素性を具足する所の家族に在り。國家の基礎は孤立獨存する衆多の人類の上に在らずして、家族の擴充せられたる民族の上に在り。但し其の國を組成する民族が一個なりや、將た數個なりやは、國各趣を異にする所にして、國性の異同主として此の間に生ず。現今の世界各國皆二個以上の民族より成立するのみならず、一國一民族の國は古來殆と其の例を見ず。加之歐羅巴人は由來個人本位の傾ありて、重きを家族に置かず。此を以て歐州國法學者の國家を論するや、民族を問はすして個人を基礎とするを常となす。是れ其の國情の然らしむる所、固より怪むに足らず。

最健全の國体

國家は國家自体の繁榮を冀ひ長久を望む、猶個人が各自の健全長壽を冀望するが如し。人の體質は健全長壽なるに適當する者を以て最も優良とする如く、國家の體制も亦其の國家が永久に榮へ得るに適當する者を以て最も優良とす。然らば國家の體制の健全性とは如何なることを意味するか。惟ふに其の特徴一ならずと雖も、集中力の强大なることは第一の要件なり。玆に集中力の强大を謂ふは、强力に依りて集中するの義にあらず、國家自體と個々分子と互に調和を保ち均齊を有つの結合力を謂ふ。而して集中力の最も强大なることは、國家に撼かすべからず拔くべからざるの中心あるに依り、始めて之を期待するを得べし。何れの國何れの時に於ても中心なきはなしと雖も、集中力の强度と調和の鹽梅とは各國趣を異にす、此を以て國家の團結力に堅脆强弱の別あり。

大凡そ人衆の集合團結するに各種の原因あり。山地の民は自ら山岳黨となり、濱海の民は自ら海岸黨をなす、是れ地勢に順ひて集結するなり。或は信仰に因り、或は産業に因り、或は好尙に因り、或は氣風に因り、類を求め同を索めて合同結束す、是れ人性の常なり。民衆の相集まりて邦國を形成するの理も亦之と相同じ。然るに地勢に因り習俗に因り、利益に因る等の團結は、範圍自ら限りあり、結合の期間固より長久を期すべからず、而して結合力亦强固なる能はず。未だ以て國を組織するに足らざるなり國の組織は民衆の間に大なる共通の事情あるの外に、卓越なる一種の力ありて之を統制するに成る。此の卓越なる一種の力の何者たるかは國に依りて趣を異にす。

血族關係

人類を集結して一團たらしむる最も强き力は血族關係なり。此の關係は他の何等の關係よりも、最も密着にして、又最も永久的なり。故に一家族擴大して氏族をなし、一氏族擴大して一民族をなし、其の一大民族より成立せる一國ありとすれば、其の國は即ち同根同血より出でたる一大家族に外ならざるを以て、集團結合の鞏固なる之に比すべきものなし。此の血族團体たる一國家にして、全民族か瞻仰して宗家となす所のもの有れば、其の宗家は即ち天縱にして國家の中心に位するものなり而して全民族は期せずして此中心點に向つて集中すべし。ブルンチユリー曰く世襲の君主は國家の全力を其の一身に會むるものなりと。全民族の中樞たらざる單行の世襲君主も、尙國家の重をなすに足る。況や全民族の宗室にして天地こ共に正統を有つものをや。故に此關係の下に結合する國民の團結力は極めて温健極めて眞摯にして國家の基礎は牢乎不拔なり。

或は謂はむ、血族關係に基づく親情は近親の間に限る、家族の擴大して氏族となり、氏族の擴大して民族こなるに至りては、血縁遠く、感情疎なり此の間同血相結ぶの觀念あるなしこ。是れ其の一を知つて未だ其の二を知らざる者なり。民族の擴大に隨ひて同根同血の因緣を以て團結する觀念の微弱となるは爭ふべからず、否な血族關係を自覺せざるを以て現事實となす、加之人文の進步に伴ひて四海同胞主義益、擴充せられ、次第に民族的城府を撤去せんこするの傾向あることも亦掩ふへからず、然るに地球上の諸民族が同族異種の區別を立てゝ、互に相倚り又互に相斥くるの事實は、既往に於て極めて顯著なるのみならず、現代に於ても未だ毫も衰ふるを見ず、此の狀態の今後幾百千年間永く存續すべきことは、容易く想像し得らるゝ所なり。即ち國民を結合せしむる動力としての血族關係は、現代に於て他の何等の關係にも優る所の最大勢力たるのみに止まらず、後世に於ても亦依然として勢力を失はざらんことを推斷し得べきなり。

歐洲諸國は由來民族雜糅の地にして、各國の民人敢て民族觀に執着せざるが如き趣あるも、其の內實は決して然らず。彼等が有色なる民族に對して截然たる區別を立つるは言ふまでもなく、其內國に於ける種族の異同が各邦國の分合離集に關して大なる原因をなせるは甚た明白なり。獨逸國の統一は政治上の權力に因るも、若し其の民族の大同なからしめば、恐らくは聯邦の連鎖を保つこと能はず。飜つて英國は愛蘭土の處置に惱み、墺國は匈牙別の嚮背を憂ひ、露國は芬蘭人の反抗に苦み、而して獨墺露の三國今に至るまで波蘭人に顧慮する等は、皆國中に於ける民族異同の關係に因らざるはなし。近世に於て先つ土耳其より分離しはるは異民族なる羅馬尼亞人塞耳比亞人等にして、前年勃牙利國の獨立し、又ボスニヤ、ヘルツェゴヴィナ二洲の容易く墺匈國に割取せられしは、要するに其の地の住民が土耳其族ならざるが故なり。近時支那革命の後に乘じ、尩弱なる蒙古人西藏人等を以てして、尚能く獨立自主の名を稱するは、中央權力微弱なるが爲のみに非ずして、彼等が漢民族と同族ならざるが爲なり。之に反して南北利害を異にし、且十八行省殆ど土崩瓦解の情形に陷いれる支那國が、兎にも角にも四分五裂の慘狀を呈するを免がるゝは、唯彼等の間に漢民同族なる一個の自覺あればなり。又土耳其國勢の劣弱にして、今や歐洲土耳其の存亡旦夕に迫るの悲境に在るに拘らず、尚辛ふして亞細亞土耳其人の離叛を免かるるを得る者、亦畢竟同族の餘惠に依るなり。異族の結合し難く同族の結合し易きや寔に此の如し。故に曰く、同一民族より成れる集團は結合力最も强大にして、同一民族を以て組成せる國は最も健全なる國家なりと。然らば則ち此の健全なる國家組織を永久に保持するの道は、即ち國家の繁榮を遂け長久を期する所以の道たるや彰々なり。

理想的の國家

此を以て國は同一民族を以て組成するより良きはなく、結合力は血族關係に基つくより鞏固なるはなし。故に幸にして此の資質を具ふるの國ありとすれば、是れ疑もなく最も健全なる組織にして實に理想的の國家と謂ふべし。然るに國民を結束集中せしむるは、一に剛健中正なる中心力の存在するに因るが故に、剛健中正なる中心力が、堅實に普遍に永久に、活動健行するにあらずんば、國家の健全を長久ならしむること能はず。若夫れ中心力の位置を移動せしむるか、又は之を有名無實に歸せしむるが如きことあらんか、是れ其の國家組織の根本に對つて危害を加ふる者たり。即ち國家の破滅を促し民族の自殺を勸むる者たり。

第二章　政治の大本

君主に對する觀念の異同

東洋諸國こ西洋諸國この國家の性質を同くせざる最も重大なる事實は、主權の在る所を異にするに在り。歐洲諸國に於ては概ね主權人民に在るを本體こなし、立國の基本は主こして民主共和に在り。勿論西洋にも古來數多の君主國ありこ雖も、其の國制の專制たるこ立憲たるこを問はず、國の重心は概ね人民に在りて君主にあらず。君主が最高權力者こして國民の上に位する事實は之あるも、一人固有の權力を以て永久全國民を統御するの信念が君主自身に缺乏するこ同時に、國民に於ても亦之を仰きて一天萬乘の主君こなし、永く之に奉事するの觀念甚だ薄弱なり。

之に反して一國の權力は本來唯一人に集中し、四海有衆唯一人に歸服すべき者と確信するは東洋人の思想なり。西洋諸國人は此の思想に乏しきが故に、君主に對して東洋人の所謂忠君の觀念を缺く。隨て君は仁德を施すべく民は忠義を盡すべきの信條は、西洋諸國に適當せず。

西國の有法政治

東洋諸國が一國の綱紀を保つに德を以てする代りに、西洋諸國は法を以て國の統制を保つ。西洋諸國に於ては、君主政治たると共和政治たるとを問はず、治國の大本は法に在り。而して其の法たるや一人固有の權力に出づるものに非ずして、衆人の協議に成る。

法は衆意に出つ

古代の希臘に於ては直接の人民政治を行ひたり。即ち其の政治は民人全體の協議に成り、或る一人の意思より出つることなし。現今或る國の或る場合にレフェレンダムを實行するは其の趣旨相同じ羅馬建國の頃に於ては、各家族の父老會同して政治を議定せり。其の頃國王なる者ありしも、其の職權は唯父老會の會長たるに過ぎざるのみならず、國王の位に即くは實に選擧に依り、且王位は世襲することなかりき。即ち當時の羅馬は王國の名ありて、實は貴族共和の政治たり。由來羅馬人の思想は民主主義にして、總ての權力は羅馬國民の有する所なりと確信し、國王を以て國民の委任を受けたる代理者なりと見做せり。又ゲルマン民族の民主的なるは人の普く知る所にして、其の民會が君主を選擧するは、即ち主權の民人に在るを證する者にして、古羅馬の國王選立と其の軌を同ふす。斯の如く多數の會議に依りて國事を協定するは歐洲固有の思想にして、人民の權利は夙に上世より發達し、合衆共和の政治は各時代各邦國を通じて一般に行はれたり。

主權在民

主權在民の主義は殆ど歐洲諸國の通有なり、故に歐洲に於て稱して君主國ご謂ふ者、主權必しも君主に在るにあらず。其の君主國の帝王は、畢竟世襲の大統領たるに過ぎざるなり。君主國を標榜する白耳義國の憲法が、明々地に主權は人民に在りご宣言せるは、僞らざるの自白なり。他の君主國に於て主權の所在を憲章に掲げざる者も、亦其の成條に依りて同一の精神を見るを得べし。佛國路易十八世の憲法に君主が統治權總攬者なることを明示したるが如きは徒に君主の權威を衒ふ者にして、國體の眞相を表白するの文字には非ざるなり。

主權既に人民に在るが故に、其の君主は國家の一機關なり。即ち君主は其の國に於ける政治上の最高機關なり。斯る國體の下に於ける君主の權力は、共和國の大統領ご異なることなく、唯君主は世襲に依りて位に即き、大統領は選擧に依りて位を獲るの差あるのみ。共和國の大統領が議會ご駢立して國家の機關たる如く、君主國に於ける君主は、議會と共に國家の機關なり。但し君主の權能は大統領に優るを常とするが故に、君主と議會との權限は、大統領と議會との如く對等ならずして、君主が國家の最高機關たるの地位に立つを普通とするも、共に主權者にあらざるは即ち一なり。況や實權全く議會に移りて、君主は虚器を擁するの國に於てをや。

憲法は制限の法

主權在民の觀念は歐州人の通有なりと雖も、政治上の實權必しも常に民人に在るにあらず。是れ猶主權在君を本則とする國に於て、實權の必しも常に君主に在らざるが如し。歷史に徵するに、古來歐洲諸國に於て君主の權力強盛なるに方りては、君主往々獨斷專行に流れ、國民は其の意思を政治上に伸ぶることと能はず。此の場合に於ては、一國の主權は事實上君主に在りて、民人に存せずと謂ふを得べし。然れども此の如きは畢竟一時の變體にして、到底永續すること能はず。宛も水面の波瀾の必ず水準に復歸するが如し。則ち君權强大にして民意を壓迫すること甚しければ、國民の反抗必ず起り、君主は勢い其の意見を採納し、其の要求に聽從せざるを得ざるに至る、然らざれば遂に君位の傾覆を免かるゝこと能はざるなり。是れ歐州諸國に於て古來幾回となく反覆せらるゝ事實にして、立憲制度の發達せるは實に君民衝突の枝上に結ばれたる果實なり。則ち此の制度は民人が法章に依りて君主の自由意思を束縛し將來に於ける專橫を防遏する目的の上に發達したるものなり。斯る沿革を有する國の議會を指して制限機關と稱するは極めて適切なり。實に其の議會は君權を制限するの機關にして、又克く制限の實効を收め居れり。一言にして之を掩へば歐洲諸國の憲法は、權力者が民人の權利を侵迫するを防遏するの界埒たり。

露西亞は半東半西の國にして、其の國家の體制歐洲諸國を以て律すべからず、今尚主權在君の主義を奉ずる一國なり。然れども其の人民の君主に對する觀念は、大に趣を東洋と異にす。其の國民がツァールに對して絶對服從の義務を甘んずることは、頗る東洋の思想に類するが如きも、其の服從の觀念たるや皇帝の正教首長たる尊位に對して生ずる所にして、一天萬乘の君に奉事するの觀念に於てせず。ツァーアルの其の民衆に臨むも亦億兆子育の義に於てせずして、帝王神權の餘光に依りて其の威嚴を保てり。故に其の主權在君の主義は寧ろ宗教的信念の上に立ちて、政治的觀念に基づかざるなり。飜て其の政治的沿革を質さば、肇祖ルーリックはスラヴ人に迎へられ瑞典より入りて王位に即きたる者にして、之を迎立したるは、國人が内紛外患に惱みたる結果、國中の貴族相議し、强力の主君を仰ぎて統一を圖らんとするに出てたり。ルーリック家斷絶するや、現今の帝室なるロマノフ家迎立せらる。是れ亦貴族の推選する所にして、ロマノフは即位するに方り、國政に關して宣誓せり。故に露西亞の國情は西歐諸國と同じからずと雖も、其の王位が貴族の選立に由りて定まりたるは、恰も羅馬の選擧王と其の軌を一にす。以て露國人の腦底にも亦鬱然たる民主思想の潜伏するを推知すべし。而して歷代の露西亞皇帝が專制獨裁の權力を揮ひて純然たる君主主權の實を示しゝは、人文の發達の帝權の發達に伴ふこと能はず、人民自主の權利は君主の權力の壓迫する所となりたるに外ならざるなり。

天下一君の觀念

之に反して東洋に於ては國家統治の權一人の君主に在るを元則とし、又之を恒例とす。天に二日なく地に二王なしとは、國家が一人の君主に依りて統治せらるゝを形容するの語にして、國に王あるは猶天日あるが如しと觀ずるなり。民に君あるは子に親あるが如く、父母の存在せざる家を想像する能はざる如く、君主なき國は東洋人の想像せざる所なり。即ち東洋人は億兆民人が一人の主君に奉事するを以て國の本體となし、國家は君主の統治する者と確信す。多數會議に依りて國權を行ふの思想は、絶て存在せざるなり。

支那の有德政治

然れども帝王が國民の上に位して獨裁親政するは、自己一人の爲にするにあらず、必ず天下邦家の爲にするを要す。天下邦家と謂ふは、即ち億兆民人の心を以て心となすの義なり。故に君主の位に即くには、必然缺くべからざるの要件あり、德即ち是なり。孔子曰く政を爲すに德を以てすれば、衆星の北辰に拱ふが如しと。德とは他なし、邦家民人の爲に計りて至善の道を盡すことなり。故に政は必ず民を以て本となす。是れ支那數千年來の教義にして、古來東洋諸國人に確認せられたる所なり。

大禹謨に曰く德は惟れ政を善くす、政は民を養ふに在りと。即ち善政とは天下の民人各々其の處を得て其の生を樂むの謂にして、能く善政を行ふを有德の君主と謂ふなり。既に德を君位の基本とするを以て德を失へば(即ち國民の意思に違背すれば)君位を失ふを原則とす。伊尹が君德を說いて、厥の德を常にすれば厥の位を保つ、厥の德常なければ九有以て亡ぶと謂ふ者是れなり。

又曰く天の我有商に私するにあらず、惟れ天一德を佑く、商の下民に求むるにあらず、惟れ民一德に歸すと。是れ君位は一人の私すべき者にあらず、必ず有德者に歸すべく之を人民に求めて獲らるゝに非ずして、萬民自ら有德に歸服するを謂ふなり。

支那國家の體制は、此の敎義の下に鑄冶せられ、此の敎義の上に國家の基礎を定む。故に支那數千年間の史乘は有德を標準とす

德は施與に在り

る君主統一政治の記錄にして、絕て共和合議の形迹を見ず。然らば其の德は何等の動機に依りて政治上に實現せらるゝ乎。抑々民衆の善政を冀望するは、古今東西皆相同じ然れども人の冀望は必しも直に滿たさるゝ者に非ず。冀望して未だ得ざれば即ち要求となる。然るに要求に應じて之を行ふは德にあらず。則ち知るべし、德なる者は人民の要求に應じて酬ゆる所の者にあらずして、君主より進みて善政を下に施與するの謂なることを。換言すれば、君主の側より積極的に人民の意思冀望に副ふことなり。歐洲に於ては權域を定めて相侵さず君民共に權域を守るを以て政法の至れるものとなす。彼此全く觀念を異にす。

前文の如く、有德者の下民に求めて君位に陞るに非ずして、下民の有德に歸する猶水の低地に就くが如く、自然に君位の己れに歸するものなれば己れは、絕て天位に陞るの意思を有せざるも、帝冠の意外に自家頭上に落ち來る場合なしと謂ふべからず。支那の舊史に、許由は思も寄らざる讓位の相談を受け、逃れて山林に入りたりと謂ふが如きは即ち是なり。之に反して本來帝德を具有せざるも、他の事由に依りて君位に陞る者は極めて多し。凡そ君王の位に即くの目的は敢て德を行ふが爲に非ざれども、既に帝位に陞れば必然德を立つるの大任を負ふ。斯る場合に於ては、其の君王たる者自己の重大なる責任に對し、理當に大なる義務を感ぜざるべからず。然るに其の天職に對する責任を悟るは唯明君賢主にして始めて之あり、多數凡庸の帝王は斯る責任が自己の双肩に在ることをすら自覺せず、又焉んぞ之が爲に心を勞し思を苦しめんや。輒もすれば權勢を恃みて放縱に流れんとするなり。故に德を以て政を行ふことは、其の理太だ善美なるが如くにして、實際に行たれ難し。

有德政治の宗國たる支那の歷史を觀るに、歷朝の帝王必しも皆有德ならず。所謂聖主賢君の名實を具ふる帝王は極めて少數にして、平凡なる君主の多數なるは掩ふべからず。則ち有德を以て君位の標準となすに關らず、事實上君主の德不德は、德を君位の標準となさざる西洋の君主國と何等の異同なし。

歐洲に於ては若不德の君主ありて、人民の利益に背反する政を行ふときは、人民は之が廢立を圖るか、又は法章を約して君主の權域を定め、以て他日の弊端を杜絕するの擧に出づ。是れ權利思想を固有して民權の勢力强大なるの因て致す所なり。然るに由來權利の觀念を缺き、民權の思想に乏しき東洋人は、斯る場合に於て斯る方法に出でんこと、想ひも寄らざる所とす。故に支那に於ては斯の場合に處するの道として、他の有德の人之に代りて君位に即くを以て本義となす。

有德政治の空名

無道を伐ちて有德者之に代ると云ふは、支那に於ける歷朝更代の套語にして、其の名は甚だ美なるも其の實は武力の最も强大なる者が、不德の君主を倒して之に代ることなり。三皇五帝の太古はイザ知らず、夏、殷、周以來歷朝の革命は、一として武力に依るの爭奪に非ざるはなし。而して擧兵の宣言は常に必ず無道を伐つを標榜すと雖も、其の宣言が一片の口實に過ぎざるは、猶西人が文明宣布に托辭して、未開國を征服するが如し。而も空名も尙無きに優れり。强力者の武力に依りて君位を獲得するや、必ず德を尙ぶの通則に基づきて政治を行はんとし、其の後嗣も亦勉めて之に倣ふ。只夫れ有德の名ありて其の實なし、故に、之を學びて其の道を得ず、之を行ひて久しきを保つ能はず、復た前朝覆沒の軌道を踏み、更に他の强力者の仆す所となる。支那史は朝廷の興亡、運命の循環を以て滿たさる。

此の如く朝廷の興亡起仆常ならずと雖も、主權君主に在るの本義は歷朝皆其の軌を一にす。故に支那に於ては君主國たる事實は、古今を通じて終始一貫せり。卽ち支那は德を基とするの君主國なり。

或は謂はむ、德を基とするは民を本となすの義にして民を本となすの義は、卽ち民權尊重の意に外ならず、然らば則ち民意を本とするの國體は變形せる一種の民主國たるなきかと。是れ似て非なり、本末を倒置するの論なり。支那に於て民を本となすと謂ふは、君主より積極的に善政を施すの義にして、民人の要求に應ずるに非ざること前に說けり。固より人民の權利を敬重するの意に出づるに非ず、此の間絕て權利思想を含まざるなり。安ぞ之を西國の民權と同視して、民主政治に比すべけんや。

現今支那に於ては、淸朝旣に倒れて民主共和の政治を行へり。是れ既往數千年來の歷史上未だ例を見ざるの事實たり。數千年間因襲の君主一統の邦國一朝にして極端なる民主國に變體するが如きは、果して國情の許す所なりや否や、所謂中華民國の前途は推測し難きに非ざるなり。

之を約說すれば、歐洲諸國の國性は概ね民主的なり。故に君主制を取れる國に於ても、其の君主は自巳固有の權力を行ふ者にあらずして、人民の意思を代表する者たり。依て其の君主を指して國家の機關と呼ぶことを得べし。而して其の國を統治するの綱紀は法に在り。

東洋諸國主として支那には民主政治の觀念なくして、國家の體制は純然たる君主制なり。然れども民意に合するを以て君主の理想となし、德を以て統治の綱紀となす。德を失へば、則ち君位を失ふ者たり。德は常に無くして、國は常に在り。故に君主は國家を

本朝の有爱政治

統治するの大任を帶ぶるも、國家其れ自身には非ず。齊しく君主國體と稱せらるゝ所の者にして、實質の同じからざるや此の如し。而して本朝の體制は又全く此等と趣を異にす。源親房卿の曰く「天祖より以來繼體違はずして唯一種ましします事天竺にも其類なし。彼の國の初めの民主王も衆の爲に撰び立てられしより相續せり。又世くだりては、其種姓も多く亡ぼされて勢力あれば下劣の種も國王となり、剩へ五天竺を統領する族も有りき。震旦又殊更みだりがはしき國なり、昔世すなほに道正しかりし時も、賢を選びて授くる事ありしにより、一種を定むる事なし。亂世になるまゝに力を以て國を爭ふ、かゝれば民間より出てゝ位に居たるものあり、戎狄より起りて國を奪へるもあり、或は累世の臣として其君をしのぎ、終に讓を得たるもあり。」と國の體制を說きて肯綮に中る者と謂ふべし。

歐洲に於て法を以て國の綱紀となし支那に於て德を以て綱紀となすは各、其の國性の適する所に由る。本朝に於ては之と同じからず。國の綱紀は愛に在り、政治の旨は保護愛育に在り。是れ皆一系統を垂れ、一民、國を立つるの國性に基因す。其の詳說は後章に在り。

第三章　國體の異同

國體の二義||歷史派法律派

國體の語は普通に用ゐられ、其の意義明白なるが如くにして、實は明白ならず。蓋國體の語は二樣に使用せらる、是れ其の明瞭を缺く所以なり。即ち甲は專ら國史の事實を基礎として之を說き、乙は主として國法學上より之を說く、甲を歷史派と名づくれば、乙は之を法律派と名づくべし

然るに國體の意義を兩種に區別するは、本朝の國體を說明する場合に限りて必要あり、外國の國體を論ずる場合には、單に法律派の解釋のみを以て之を盡すを得べし。實に外國に於ては我が歷史派が謂ふ所の如き國體を見ず隨つて之に適合すべき譯語をも有せざるなり。勿論各國皆起源を異にし沿革を異にするを以て、某國の體制が全然某國の者と一致するが如きは決して之

あらず、隨つて國の體制は十國十種と見るを本體となすと雖も異中同あり、差別中平等あり、共通普遍の性質形狀を求めて之を品類すれば、各國の體制は略ぼ國法學上の釋義の下に一律之を按排するを得べし。獨り我國の體制に至りては、此の解釋を以て盡すべからざるの特性を有す。故に我國體には歷史に基づくの特殊の定形あり。此に歷史派の解釋と謂ふは、專ら本朝の國體に關する者なり。

歷史派の功勞

歷史派は本邦の歷史を基礎として、建國の由來民族の統一、君臣の大義を講究し、我が國體の金甌無缺なるを論斷す。此の說明に依れば日本帝國の體制の、卓然として世界各國の上に挺出する所以の者自ら分明なり。其の國體の意義は國家組織の內容を謂ふ者にして、國の體面或は國の品性と謂ふの義に通ずべく、國法學上の定義と趣きを異にす。而して其の體面と云ひ品性と云ふは之を他國の者と比較して類似共通の點を發見せんとするに非ず、却て他國に無くして獨り我國に存在する諸點を列擧し來りて我が國體を稱揚するは歷史派の常なり、故を以て歐洲の學說に心醉するの徒は、之を非りて守舊となし尊大となす。安ぞ知らん、自國の特性と眞價とを知らずして、漫に他國の學說に心醉し他國の體制を渴仰するの醜且陋なるを。此に國家組織の內容と謂ふ、何れの國か國家組織の內容なからんや、唯夫れ本朝獨り各國に絕て無き所の者を具有す、故に歷史派が特有の點を擧げて之を稱揚するは、固より其の所なり。而して「國體」の語其れ自身が、他國に無くして本邦獨り具ふる所の特性を言ひ顯はすの語なるが如く見ゆるも、亦理ありと謂ふべし。

本邦既に固有の體制あり、又傳來の精神あり、此の體制及び此の精神あるに依りて、國民に自信の念自重の心あり、其の源流を明

法律派中の三派

にし其の由來を詳にするは即ち歴史派なり。實に國民の國家的信念の鞏固なることは、此の學派に待つ所最も大なり、今乃ち歴史的研究を措き、單り法理のみに依りて國體を說明せんとするは事實上不可能にして、又論理の許さゞる所なり。然れども若し國法學上國體の文字を慣用するに由り、之を混同せんことを慮かることきは歴史派に於て用ゆる所の術語を改めて國性の字となすも亦妨けず。要は法律學上の國體と區別するにあり。

國法學者の國體を說くや、專ら法理に依り、權力の所在又は排置に由りて之を決定し、毫も其の他を省みず。而して其の中自ら左の三派あり。

第一、國體政體無差別の說

第二、國體は統治權を組成する形體に依て區別するの說

第三、國體は主權の所在に依て定まると云ふの說

是れなり。而も權力論の範圍內に於て之を論議し、一步も埒外に出でざるは、各說皆同じ。蓋國法學は社會學道德學ど輪廓を同ふせず隨つて權力を視て其の他を顧みざるは、斯學者の立場どして固より失當ならず。然れども國家の存在し永續するは、單に權力のみに依るにあらず、國家を權力關係の方面より觀るは國法學なるも、國法學の觀たる國家は國家の全部にあらざるなり。加之權力より生ずる命令服從の關係が國家を組成するの第一要件たることは勿論なれども、命令服從は唯强制力あることに依りて行はるゝ者に非ずして、別に大なる素因あるを知らざるべからず。法律家は唯强制力の一面を見て其の他を問はず、是れ國家實在の狀況ど相合はざる所以なり。

國體政體同一說

第一國體政體の差別を立てざるは、歐洲思想に司配せらるゝ結果なり。歐洲國法學者は、概ね國體ど政體どを混同して此間に區別を設けざるを常とす。スターツ、フォルムと云ひ、フォーム、オフガヴアーメントと云ふは通例國體及び政體の何れにも用ゐらるゝ語にして、邦人の之を譯するや、或は國體の語を以てし、或は政體の語を以てするに、何れにも適合せざるなし。例へば至高權力者が一人なると衆人なるとを以て、君主國體と民主國體との區別をなすと云ふの定義は正當なり。之と同時に其の一人なると衆人なるとを以て、君主政體と民主政體との區別をなすと云ふの定義も亦正當なり。アリストートルが至高權力者が一人なると數人なると多數なるとに依りて、君主政貴族政、民主政の區別を立てたるは、之を國體と見るも、將た政體と見るも、其の意味に於て毫末も差違あることなし。

元來此の說は統治者を以て國家の機關とするの思想に出づ。此の說に據れば立憲政治と專制政治との區別は、國權を行ふ機關の組織を異にするに由り、君主政治と民主政治の區別も、亦同じく國權を行ふ機關の組織を異にするに由ることなす、即ち立憲政と專制政との區別も、君主制と民主制との區別も、其の因由全く同一にして而して國權を行ふ機關の組織は、即ち之を國體と云ふも可、政體と謂ふも亦可、國體の區別は、即ち政體の區別なりとするに在り。

統治權組成體說

第二、は統治權總攬者の組織の形體に依りて國體の別を立て、其の作用の形體に依りて政體の別を立つる者にして、其の基づく所は前者と共に統治者機關說なり。然るに假に說者の說に從ひ、主權は國家に在り、統治者は畢竟國家の機關に過ぎずとせば、統治者を組織する其の事既に主權の行動なり、即ち政治的の運用なり。何の必要ありてか「統治者の組織の形體」と「統治者の作用の形體」とを區別せんや。第一說の如く國體の別は即ち政體の別なりとするの、寧ろ適切にして明白なるに若かざるなり。

以上二說は歐洲思想に基づき、君主を以て國家の機關となすの說なり。是れ實に我國體と相容れざるの思想にして、國家の基礎を危くするもの、寔に此の說より甚しきはなし。

主權所在說

第三は國體は主權の所在に依りて定まり、政體は主權行動の形式に依りて分つと謂ふ者なり。蓋主權は上に在らざれば下に在り、一人に在らざれば數人(衆人)に在り。物の重心所在點は必す唯一なるが如く、主權の所在も亦必ず唯一なり。故に主權君主に在らざれば人民に在り、人民に在らざれば君主に在り。其の人民にも在らず君主にも在らざる中間の者が主權を有する如く見ゆるは、君主若くは人民の孰れかより委任せらるゝか、然らずんば實權既に中間の者に移りて、君主は實權を喪失したるの時に在り。此の場合に於ては、中間の執柄者既に主權を掌握する者にして、君位は移りて其の人に歸し、君主は單た虛器を擁するに過ぎざるなり。

此說を立つる者は君主(主權者)即國家說を唱道し、上記の君主機關說とは根本思想を異にせり。本朝の國法を論ずるもの丶中、最も溫健摯實なる者たり。

此の說は主權の所在に依りて國體の別を定む。即ち主權の一人に在る場合を君主國體となし衆人に在るを共和國體となす。而して主權行動の形式に依りて政體を區別し、主權が憲法の條規に由らずして行動するを專制政體とし、憲法の條規に由りて行動するを立憲政體となす。其の區別の法式は、憲法義解の撰者と軌を一にす。「義解」に曰く「統治權を總攬するは主權の體なり憲法の條規に依り之を行ふは主權の用なり」と。玆に「體」と「用」との區別は、宛も國體と政體との區別と視るを得べし。

右主權の所在に由りて國體を定むるの說は、義理明白論理整正、毫も間然すべき者なし。然れども其の所謂國體の義の、歷史派の所謂國體の義ご相同しからざるは一見して知るべし。加之主權の所在に依りて國體を分つごきは、主權の所在に變動を生するは即ち國體の變動を起すもの、即ち國家の死生に關係する者なるや明かなるも、之を歷史に徵するに此定說ご事實ご相合はざるの場合あり。

主權の所在に由りて國體を定むれば、君主國體の國に於ては、君主は即ち國家なり。故に此說を主張する學者は固より君主機關論者ご相容れず、極力主權在君の大義を唱へて、彼の民主々義の絕對に我國體に合はざるを論究す。其の主義全く予輩の所懷ご相一致す。然れども說者が、主權在君の法理を明にすることを以て主權の所在に依りて國體を區別するに非すんば不可能なるが如く思考するは、予輩の觀て以て憂慮に過くとする所なり。予輩の見る所に依れば、政體の字義を一層弘くして、主權の所在を定め及び主權の行動を定むる者、皆之を政體の語中に包含せしむるも可なり、主權在君の法理乃至君主即國家の大義を說明するには別に其の途あり、否な君主即國家の大義は國法學上の解說より分離せしむるに非ざれば正解を求め難しと信ずるものなり。何となれば所謂眞正の國體なる定義は、日本帝國にのみ獨り存在する所にして、日本の國體なる者は畢竟國法學上の解說を以て盡すべからざればなり。說者若し民主思想に支配せらるゝ國に於ける君主政治も、日本帝國の君主政治も、法理の上より觀て全く同一なりと云はゞ、說者の言は自家撞着なり。外國にては君主を戴くと大統領を戴くとを問はず、概ね民人の確信が主權人民に在りとなすことは說者の道ふ所なり。則ち知るべし、外

國體及政體の變動

國の國體は概ね皆說者の所謂民主國體なるを。然らば則ち說者の謂ふ所の國體は、歐洲國法學者が或は政體こ呼び或は國體こ呼ぶ者こ同一義にして、實は國體政體無差別こするの簡明なるに若かざるなり。然れごも政體の外に國體の嚴存するは明瞭の事實なり。唯之を國法學上に於て解說せんこすることの妥當ならざるのみ。故に予輩は國法學上に國體の字を慣用することを思ひ、歷史派の所謂國體の字に代ゆるに國性の字を以てするは、敢て厭ふ所にあらされごも、國法學上の國體は、代ゆるに政體の字を以てするも亦妨げざる上說の如くなるに於ては、國體の語は歷史派當然の權利こして、歷史派之を用ゐ、寧ろ國法學者に對つて國體の字を撤回せんことを要求せんのみ。

主權の所在こ行動こに依りて國體こ政體こを區別すれば、主權一人に在れは君主國體にして衆人に在れは共和國體たり。主權が憲法の條規に依りて行動すれば立憲政體たり、然らざれば專制政體たり。此の說を演繹すれば、政體は變革するを得へきも國體は變革すべからず、否な變革すべからざるに非ずして、國體に變革あるは即ち國家の滅亡たるなり。而して此の定說は某々の國ならでは適用すべからざる者に非ずして普く何れの國にも適用せらるべき者たるや勿論なり。此の解釋に依れば、憲法以前の我が國體は專制君主國體にして、憲法以後は立憲君主國體なり。其の政體は憲法以前は專制政體、憲法以後は立憲政體たるや明瞭なり。蓋我國の主權は、憲法の有無に拘らず、必ず御一人に在りて其の他にあらざるが故なり。

統治權の御一人に在る元則の、終天極地渝ることなきは言ふまでもなし。然れども物に常變あり事に數奇あり、暫く事實に就きて之を觀察せん。之を歷史に觀るに、中世以還王政衰へて武人驕り、鎌倉政府あり室町政府あり、江戸政府あり、各々政柄を握りて天下に號令す。彼等は表面上至尊の御委任を受くるの形式を取りしも、其の實は政權を掌握したる者にして、天下の政務を獨斷專行せり。故に古來の學者皆之を政權の下移となす。彼の鎌倉室町江戸等の各政府が政務を裁斷したるは、其の趣決して明治以來の大臣宰相が政務を處理する者と同じからず。何人も明治以來の太政官及び内閣を以て、鎌倉室町江戸等の政府に比較することなし。然らば則ち彼の武門時代に於ける主權は那處に在りしか。主權の御一人に在る元則は萬世渝らずと雖も、當時の事實は政權の武門の横領する所となりしを示せり。問題は武門が掌握したりし政權と、國法學者の所謂主權との異同如何に在り。」學者曰く、主權は國を統治するの權力なり、統治とは權力を統べ國土民人を治むるの謂なりと。武門時代に於て、權力を統べ國土民人を治めたるは何者なりしか。彼れ鎌倉政府以下は固より統治權を有する者に非ざれども。事實上權力を統べ國土民人を治めたる者なり。其の名に於て行政上の最高官職たるに過ぎざれども、其の實に於ては任意に政治を行ひたる者なり。然らば則ち此の暗黑時代に於ては、國法學上の定論に據れば、君主政治の名ありて、實權は貴族の掌裡に歸せりと見做さゞるべからず。若し主權の所在が國體を定むるの定則を此の場合に適用せんか、日本の國體は武門時代に於て、殆ど破壞せられんとしたる者と認めざるを得ず。然るに我國體は上下三千年を通じて、未だ曾て一たびも毀損せられしことなし、未來永劫亦應に然るべし。說者或は武門は行政權を專斷したるのみにして、主權は依然として御一人に在り、故に國體(說者の所謂國體)に變更なしと言はむ。予輩固より統治權の移らざるを知るや熟せり、然れども武門政治を以て單に行政權を壟斷するに過ぎざる者と見做すは事實に違へり。所謂行政權の壟斷は、藤原氏時代に於ては之を見たり。藤原氏は恣まに自個の意思を政治上に行ひたれども、其の行ふ所は必ず勅裁を經たり。故に藤原氏が行政權を壟斷したるは明かなれども、所謂主權を干犯したる者には非ず。武門時代に於ける將軍は自個の意思を自個の名に於て擅まに政治上に行ひたり、其の形態實質共に藤原氏時代と同じからず。勿論將軍並に執權の任命は京師に出づと雖も、京師の武門に對して權力を行ふは唯此一事あるのみにして、政權の全部は武門の獨斷に歸し、毫も京師の與り知らざる所なり。而して將軍並に執權の任命も亦畢竟有名無實にして、彼等は其の職を世襲したるなり。啻に之のみならず、鎌倉時代に於ては天位が東使の一言に依りて定まりし事あり、南北朝時代には「將軍より王位を賜はらせ玉ふ」との俗話あり。寔に恐り入りたる事なれども、政治上の權力全く武門の一手に歸したる事實は、掩はんとして掩ふべからず。此等をしも單純に行政權を壟斷したるに過ぎずと云ふべきや。予輩の觀る所に由れば將軍の地位は恰も攝政の地位の如し。武門政治は延長したる攝政々治なり。攝政は單に行政權を行ふ者に非ずして主權者の事を行ふ者、即ち一時的に主權者たる地位に立つ者なれば。彼の將軍並に執權も亦殆ど之と同等の地位に立ちたりと見做さゞるべからず。然るに此の時代に於ても政權は儼然として御一人之を掌握し給へりと云ふは矯飾なり。此の場合に於ける主權の狀態を率直に國法學者の用語を以て言明すれば、君主國體(吾が所謂國體にあらず)の名ありて、實は專制貴族國體なりと謂はざるべからず。

國法學者の所說に依るときは右の如き結論に到着すと雖も、上記政治上の狀態を命名するに國體の語を用ゆるの妥當ならざるは、一見して明かなり。國體の語を撤去して、之を「貴族專制政體の實あり」と謂はゞ極めて適切なるを見るべし。

武門時代に於ては政權（國法學者の所謂主權又は統治權）武門の手に在りと雖も、天位は超絶して干犯の外に在り。將軍執權皆必ず天皇に對して君臣の禮を執り恭順して違ふことなし。是れ政治上の權力の外に、儼存する所の稜威の然らしむる所にして、此の稜威は一般國法學の書中に發見せざる所の者なり。我が所謂統治權は即ち此の稜威と政治上の權力とを兼ねたる者を謂ひ、我が所謂國體の語も亦此兩者を兼ねたる君位の儼存することを指す。故に政治上の權力の移動は、政體の變動と謂ふべく國體の變動と謂ふべからざるなり。說者亦固より之を政體の變動となせり、然れども說者の論理に從つて之を謂へば國體の變動と謂はざるべからず、語同じくして意異れり、此を以て叙上の說あり。

國家に非ざる君主

更に又主權の所在に由りて國體を決定すれば、主權の所在に變動あるは即ち革命にして、即ち前國家の滅亡新國家の創設なりこするの斷定は正當なり。然るに主權の所在に變動あるに拘らず、其の國家の滅亡を見ざる實例に乏しからず、先づ例を手近き處に求むれば、支那の近事是れなり。

一昨年までの支那は專制君主國體にして、統治權は清國皇帝一人の握る所たり。清帝の主權は國民の委託を受けたる者にあらず、又國民を代表する者にもあらず、國法學者が假令如何なる詭辨を弄しても、之を君主國體に非ずこは斷定するを得ず。然るに其の君主は一朝にして名實共に權力を喪失し、支那は一變して人民共治の國こなりたり。是れ即ち君主國體の滅亡にして、共和國體の新興なり。借問す、此の事實の上に於て、支那と云へる一の國家は果して滅亡したりや否。

主權が愛親覺羅氏の手より袁世凱政府に移りたると同時に、滿洲朝廷の滅亡して共和政府の創立したるは事實なり。然らば滿洲朝廷の滅亡は支那と云ふ國家の滅亡なりやと謂ふに、何人も之を支那國家の滅亡とは認めずして、單だ清朝の滅亡なりと認む。此の認定は俗說にして學理に合はざる者なるか。焉んぞ然らんや。凡そ國の滅亡とは外國の征服する所となるか、又は自らに於て解體し若くは消滅するかを謂ふ。支那の場合は二者孰れにも屬せざるなり。然らば淸朝の當時愛親覺羅氏が主權者たりしと云ふは外形に止まり、其の實主權は國民の手に在り、滿洲朝廷は只其の主權を代表したるに過ぎざりしやと謂ふに、決して然らず。清朝が支那の主權者たりしは、何人も疑を容れざる所にして、清朝の下に於ける清國民は、斷して主權を有したる者に非ず。果して然らば支那に於ては主權の變革ありしに拘らず、其の國家は滅亡せず、依然として生存を繼續せるなり。是れ主權の變革は、其の國家の滅亡なりと云ふの前提に背反するの事實たり。斯る事例は世界の史上に珍しからず。遠くは羅馬國が數々共和制と君主制とを反覆したるあり、近くは佛國が獨裁君主國より一朝にして共和國となり、又王政となり、又共和國となれるが如きあり。殊に佛國に於ける政體(説者の所謂國體)變革の頻繁なるは、殆ど人をして迎送に遑あらざるの思をなさしむ。而も此等の變革ある毎に羅馬乃至佛蘭西の國家が、或は滅亡し或は新興したりとは、何人も之を認めず、只其の政體に變更あり、國勢に隆汚あることを認むるに過ぎざるなり。

此の如き政治上の變革を國法學上より國家の滅亡と云ひ、新興と云ふは固より妨げず。唯其の興亡の義たるや、單に法律上の用語たるに止まりて、世に所謂國の興亡に非ざるのみ。主權の所在に變動あり、主權者其の位を失ふと雖も其の國家の必しも滅亡せざること上說の如し是れ固とに其の理あり。何ぞや、曰く其の主權者は其の國家に非ざればなり。愛親覺羅氏は支那の國家に非ず、ブルボン王家は佛國の國家に非ざるが故に、其の帝室の敗滅は、帝室が主權者たる位置を失ひたるに過ぎずして、國家の滅亡にあらず。之を本朝に例すれば、北條氏亡び足利氏亡び德川氏亡ぶるも、日本の國家に毫も異動なきと異なることなし。是に知る、外國に於ては主權の變動と國家の興亡とは別個の問題たるを。

唯一眞正の君主國體

我國に於ては然らず。天皇は日本帝國の生命なり、日本國民の精神なり。生命ありて生存し精神ありて活動す。生命の外に肉體なく、精神の外に人格なし。天皇の外に國家あることを得ず。天皇は即ち日本國家なり。法律學の術語を以て之を言へば、君主即國家なり。説者曰く、君主國體にては君主即國家なり。統治權は國家に在り、故に君主は統治權を總攬すと。是れ疑もなく君主國體に對するの正解たり。然れども是れ唯日本の君主國體に對するの正解にして、之を他國に應用すべからず。學者往々抽象的に定義を下して、總ての君主國體を律せんとす、此に於てか自家撞着の言あり、枘鑿相容ざるの説あり。予輩の説に曰く、君主即國家の大義は、特り日本の國體に依りて之を説明し得べく、之を他國の事實に求むべからずと。

憲法第一條に曰く大日本帝國は萬世一系の天皇之を統治すと、同第四條に曰く「天皇は國の元首にして統治權を總攬し此の憲法の條規に依り之を行ふ」と。是れ我國の體制を憲典の上に明示せられし者にして、理義明白、秋毫も疑惑を容れず。然るに世上「憲法の條規に依り之を行ふ」といふの正文を觀て、統治權を制限するものとなす者あり。彼の君主機關說を唱ふる者の如き即ち是なり。

君主機關說に曰く、凡そ主權は國家に在り、立憲君主國に於ては君主と議會とは共に國家の直接機關なり、唯君主と議會との權能の異なる所は、君主は最高機關たり主動機關たるに反して議會は制限機關たるに過ぎざるに在りと。此說は國權の源泉は君主と人民とに在り、君主と人民との意思の一致統綜したる者即ち國家の主權なり、隨つて議會は人民の意思を代表して君主の意思を制限拘束する者なりと謂ふにあり。

君主は國家の機關なりと云ふは、外國に在りて普通の說にして毫も異とするに足らずと雖も、天皇を國家の機關なりと謂ふは、憲法の精神に合はず、我が國體の容れざる所なり。而も此の説は十數年前より我國法學者に採用せられ、最近數年來贊同者を加へ、更に誇張して極端なる言議を弄する博士教授あり。實に奇怪至極の事と謂ふべし。

帝國憲法を講述するに於て學者説をなして曰く「君主（即ち天皇を指せり）は第一次機關なり、何人をも代表することなく、自己の名に於て國家の最高機關たるなり、議會は國民を代表して、國民の名に於て國權に參與するなり、國民が第一次機關にして議會は其の代表機關たるなり」と。圖を以て之を表はせば左の如くなるべし。

即ち天皇と國民とは共に國家の第一次機關なりとするなり。而

して國權を固有する性質より謂へば、天皇と國民と對等の者にして輕重の區別なきことを意味す。此の如き者、寔に我が憲法の明示する所なる乎、抑も亦我國體の認容する所なる乎。

但し此に一言の附加すべきは、予輩が機關論を否認する理由の中には毫も用語上より起る嫌惡の意味を含まずと云ふことなり。天皇に擬し奉るに、假にも機關の語を用ゆるは、實に不穩當にして不謹愼なり、用語の不當なるは掩ふべからず。然れども是れ無意識に出でたる語弊に過ぎざれば、代ゆるに他の語を以てし、例へば官能と謂ふも可なり、又他の佳字を撰みても可なり。其の用語の何たるやは必しも問はず。詮するに天皇以外に固有獨立の意志ありて國權の源泉をなすと謂へる根本思想を非とするに在るのみ。機關論者曰く、憲法第一條の「大日本帝國」は即ち「國家」の謂にして、其の機關たる天皇之を統治し給ふを謂ふなりと。是れ明瞭なる曲解なり。若し說者の言の如く天皇果して國家の一機關ならば、第一條は必ず應に左の如くなるべし。

大日本帝國は帝國議會の協贊に依り萬世一系の天皇之を統治す

條文上記の如くにして、始めて、天皇と國民と共に國家の機關なりと謂ふの說成立す。然るに大憲の明文昭として日月の如し、彼れ何の據る所ありて天皇機關說を唱ふるや。

第五條に曰く「天皇は帝國議會の協贊を以て立法權を行ふ」と議會の協贊を以て「立法權を行ふ」と謂ふは統治することの立法することに非ざるを明かにする者、是れ機關論者の固より熟知する所ならん。知らず論者は立法協贊の事を以て間接に統治するの意となし、第五條の裏面に統治の意を含むと見做すか。是れ愚にも付かぬ推定なれども、而も彼等は斯く推定する外には機關論を唱道すべき口實を帝國憲法の全篇中より發見するに由なきなり。果して斯く推定せば、同一の理由に依りて大臣輔弼の意を弘義に解し「輔弼」の字は君主に代りて統治するの義を含むと見做し、大臣も亦統治權に與かる者と推定するを得べし。天下豈此の背理の事あらんや。

主權は唯一不可分にして、君主と議會(人民)とが分ちて之を共有すべき者にあらず。故に論者が國家なる無形物を假想し、主權を之に歸するは法理上固より妨げざる所なり。但だ主權が國家に在りて、君主と議會と各、獨立の意思を以て國權の源泉をなすの國は君主國にあらずして、君民共和國なるのみ。君主は主權者の名を擁し最高の地位に立つのみにして、常に他の獨立固有の意思に因りて制限拘束せらるゝなり。此の如き場合に於ける君主の地位は、一大勢力を有する貴族と異なることなし。其の大勢力家なる貴族(君主)は、衆民を代表する機關(議會)と相待つて、國家を組成す、故に之を共和國體と謂ふ。說者果して我國に擬するに君民共和國體を以てするや否。惟ふに君主機關論者と雖も、狂妄未だ此に至らざるべし。而も其の說く所究竟此の結論に歸着するを如何せむ。君主機關の說は歐羅巴の立憲君主國に適用して、的然恰當す。是れ其の國性の民主にして、議會は實に帝王の權力を制限する目的の上に成れる者なればなり。歐洲の學者が通例國體政體の區別を立てざるは實は之を區別するの必要なきに由るなり。今民主國體の上に築かれたる君主政治の實例を援引し來りて、之を絕對君主國體なる本朝の體制に擬せんとするは唯其の僭妄に驚くの外なきなり。

君主即國家の原理

君主即國家の原理は、獨り本朝の國體に於て存立す。是れ國史に照し民人の確信に徵して彰著なる事實なり、然るに西法に心醉するの徒祖國の因て成る所を討ねず、國憲の由て出づる所を窮めず、此の明白の理義に對して輒もすれば疑惑を挾み、人の君主即國家なりと言ふに對し、中古式の舊思想として之を誹り、路易十四世を聯想して暗に冷笑を漏す者あり。國體を辨へず、歴史を無視するも亦甚しと謂ふべし。

路易十四世は君權を緊張して民權を抑壓し、民主の思潮に反して專制の權威を揮ひたる人主なり。「吾は國家なり」と云ふの言明は國家を以て憂となすの意に出でて、人君の量あるを見るべきも、我が所謂君主即國家の義と相距ること遠し。假令路易自身が國家を以て自任するも、佛蘭西の國性は固より之を承認するを肯んぜざるなり。

國土君主民人の三要素ありて始めて國を爲す、然るに君主は即ち國家なりと謂ふの理は如何是れ衆人の惑ふ所なり。國家は君主人民及び國土の三者より成立す、と謂ふは其の形を謂ふなり。日本國土と天皇と臣民と三者三體なるは有形上の實相なり。國家は三者の渾然融合したる無形物なり。國家は死物に非ざるが故に意思あり。其の意思を國權と云ふ。或は主權と云ひ又は統治權者と謂ふ、畢竟皆同じ。國權の化身を君主と謂ふ。民主國に於ては其の化身は議會(人民)にして君主に非ず。日本は純粋なる君主國體なるが故に、君主即ち天皇は國權の化身なり。是れ天皇即國家なる所以なり。

國法學者の說に曰く「君主國に於ては特定一人の自然意思を以て國家の法律意思を充實構成す故に君主の意思は即ち國家の意思たり、君主と國家と同化し、君主は即ち國家たり」と。而して特定一人の自然意思は何の故に具ふるやと云ふに「國家自身が自主の生存の爲に之を具有するもの」なりと云へり。蓋國家は自主の生存なかるべからず、其の必要に應する爲に、特定一人に最高絶大なる自然意思が具へらると解釋するは妥當なり。然らは其の自然意思は何に依て國家の法律意思を充實構成するを得るか。是實に喫緊要事なり、君主即國家説の管鍵洵に此に在り。之に對するの明答を得るに非ざれば、自然人なる一人の意思が、自然人に非ざる國家の意志たるを得ず。換言すれ君主は即ち國家なりと謂ふこと能はざるなり。然るに一人の自然意思が何故に國家の法律意思を充實構成するやとの問に對して、説者の答ふる所は「團體意思を解するの一般法理の觀念に移し、國家の法律意思は最高絶大なるの自然意思を以て之を充實することに由りて成立するものと見做す」と云ふに過ぎず。之を約言すれば、則ち君主の意思は國家の意思なりと見做すと謂ふと同じく、其の義君主は國家なりと云ふの語を反覆するに均し。而して「一人の自然意思は國家自身が自主の生存の爲に之を具有す」と云ふ切角の名說あるに拘らず、何故に一人の自然意思が、國家が自主の生存を要むる所の者と一致するやを知ること能はず。予輩說者の爲に深く之を惜む。

惟ふに君主即國家の大義は、統治權の意義を正解するに依り始めて之を明にするを得べし。否統治權の眞義を解明するに非ざれば、到底此の大義を闡明すること能はざるなり。統治の本義に就ては後章詳說する所あり、此には順序として之を概說せん。

統治は至善なり

統治は至善を意味す一定の民人(民族)の繁榮福祉を遂けんか爲に至善至良の道を行ふは統治權の理想なり。若統治權にして不善不良の者ならんか、全民族の繁榮を遂げ長久を期する能はざるは勿論、斯る統治權は決して永く存立する能はず。不善の統治不良の統治は、其の邦國を衰亡せしめ、君主國に在りては君主をして君位を喪失せしむ。思ふに國家の興亡必しも統治權の行用如何のみに依りて定まらずと雖も、統治の不善は竟に國を滅ぼし位を失ふに歸着すべし。故に現在存立の國家は、自然淘汰に依り、統治權の行用比較的善良なるものゝ現存して繁榮を遂ぐる者に非ざるはなし。

統治は至善を意味すと云ふは、普通國法學者の肯せざる所なり。實に善惡邪正を說くは、道德の範圍にして法律に屬せざればなり。然れども經國濟民の事は、法律のみに依て遂成すべからざるは言ふ迄もなければ、國家統治の業爲を、法律のみに依りて解釋せんとするは誤まれり。否な法律學者既に國家が至高絶對の者なることを承認するが故に、國法學者須らく統治權の至善を理想とするの原則を是認し此の前提の下に國家を講究すべきなり。

君主の個人的欲望を本位とし、君主國の君主をして私慾を滿たすが爲に下に臨む者ならしめば、其の統治は至善の者にあらず。此の場合に於ける君主は、最高權力を握るの唯一人なれども、固より國家にあらず。君主なる地位に對して、他方に人民と云ふ對手を有する相對的の者たり。事實上君主と民人との利害は必しも相背馳せざるべしと雖も、實は利害の相背反するを以て元則となす。其の利害の一致するは調和の効果のみ、訓練の結果のみ。君臨統御の眞誠の意味は、決して此の如き者に非ず。所謂眞正の君主は、民人の心を以て心となず。民人の心を以て心となすとは、全民族の繁榮幸福を遂成することを以て常住不斷の理想となすの謂なり。其の名、君主と云ふは、唯一人の處る所の地位によりて命ずる所なり。其の實君主と民人とは渾然融合して自ら一體をなす。之を名つけて國家と云ふ、即ち君主なり。其の渾然たる一體を取りて、民人即國家と呼ばずして、君主即國家と呼ふものは之を指導統制する者、人民に非ずして君主なればなり。各國歷史を觀るに、君主の地位を獲るは概ね强力に依り、其の位に在るや亦概ね自個本位にして、民人全體の幸福は常に客位に置かる。然るに自個本位は君主自身には好都合なれども民人の爲には不利の場合多く、早晚必ず民人の反抗を招くに至る。此に於てか民人の福利を圖るを以て、君主の本分とするの觀念を生ず。是れ君主自ら好んで爲す所に非ずして、止むを得ざるに出づ、自然の情に基づくに非ずして避くべからざるの勢に從ふ。此の種の邦國も亦君主國にして國法學者は其の國の體制を呼ひて君主國體となせり。其の之を君主政治と呼び又は君主國體と唱ふるは、毫も妨ぐる所なし。唯此の種の邦國に於ける君主は、國家に非ざるのみ。其の君主は國家の最高機關にして、國家其れ自體に非ざるのみ。

第四章　本朝特有の國體

我國の體制

日本帝國は同一血統より成れる民族の一大團體なり。全民族の宗家たる皇統を元首に拜戴するが故に、本朝は血統團體の上に成れる君主國にして、其の政體は立憲君主制なり。

君主國と呼ばるゝ國及び立憲政治を行ふ國素より多しと雖も、名實併せ有し形式實體兼ね備はれる純正なる立憲君主國は唯一の日本帝國あるのみ。君主國の名ありて、其の實は民主政治を行ふ者あり、又其の形式の立憲制にして、實質は一種の專制政治なる者あるは、前章既に概説する所あり、後章亦説き及ぶ所あるべし。我國の體制は此等の者と全く類を同くせざるなり。

唯一無比の國體

唯一無比の國體が何故に偶、我日本帝國に存在するやの問に答ふるは甚だ簡單なり。他なし、此の國體は日本國民が同一民族より成り其の同一民族の宗家が、國初より現今に至るまで綿々こして統御者の地に立ち給へることに依りて有たるゝなり。是れ疑ふべからざるの事實、動かすべからざるの眞理なり。此の事蹟を討ね此の原理を訊せば、國體の眞相は自ら分明にして、政體の變遷を觀る、必ず思ひ半ばに過ぐる者あるべし。然るに異論怪説往々學界に起り、滔々たる世人動もすれば疑惑の雲霧に鎖さるゝは何ぞや。蓋し國家成立の由來を知らざるの致す所なり。予輩をして勢い建國の初めに溯りて解説せざるを得ざらしむ。

我が日本國民は日本の國土に生成したる民族に非ずして天降りたる民族なり、天降るこ云ふは外より來るの義なり。神典の此事を記するや分明なり。諾冊二尊天浮橋に立ち、天瓊矛を以て滄溟を探り、鋒滴凝りて磤馭盧島を爲す、之を中心こして大八島を生み給ふここ、記紀の所傳一致せり。天神の島々を生み給ふは即

本土の先住民

ち島々を見ひらき給ひしにて、其の見ひらき給ひし島々が不毛の赤土に非ずして生類の繁息せしこと、並に此の島々が無人島ならずして、數多の先住民が棲居したること亦記紀に詳かなり。然らば天祖降臨以前此土に棲居したる住民は如何なる民族なるか。古代史の所傳に據れば、斯の國土は國巣土蜘蛛又は熊襲隼人蝦夷などと稱せらるゝ土夷の木處土居する所なりしが如し。此等の土夷は天降族即ち日本民族とは全く別種の者にして、智識を備へず器用を知らざる粗野なる原人なれば、之を平定し之を司配すべき天命は自ら天降の一族に歸したりしなり。天祖は御一族並に隨從者と共に此土に降臨して、先づ九州の地に基礎を定め、其れより中國を經て東進し、遂に都を幾內に定められたり。天降族と土夷とは人種の優劣智力の懸隔殊に著大にして、素より相對抗すべき者にあらずと雖も、一は外來少數の人衆を以

日本民族の東進

てし他は土着多數の群衆を以てす、之を掃蕩し又之を懐柔する洵に容易ならず。想ふに根據を九州に定め、其れより中國を經て、都を畿內の地に建つるまでには、少くとも數百年以上の星霜を閲したるなるべし。此の間に於て土着の夷人は或は討平せられ、或は竄逐せられて、漸次に勢力を失墜し、衰殘の夷民は天降族に同化せられ、國中獨り天降族のみ繁榮し增殖して、他の種族は民族としての存立を失ふに至りしや明なり。

斯くて天降族は中原の勝地を占めたるも、其の勢力は未だ濃尾以東の東國に及ばざりしが、是より漸く東進して異種族を東奥の一隅に追ひ詰め、其の根據を拔きて復び起つ能はざらしめしまでには、實に神武天皇より以後一千餘年の久しきを經たり。此長き年代の間に於て大和民族が西方に殘存せる異種族及び東方に割據せる夷人に對して、大小の戰鬪を開きし度數は幾回なるやを知らず、其の勞苦ご費用ごは擧げて算すべからず。而して西方の異種族が全く皇澤に浴し大和民族に同化し了りしは遙に上代の事なるも、東北に於ける蝦夷族の征服は、實に平安朝の頃までも未だ全功を奏せざりしなり。

後世に於ける蝦夷民族は尫弱微力言ふに足らざる者なれごも、上世に於ては强大なる勢力を有するの種族たり。其の種族は啻に東國に居住するのみならず、我建國以前には關西の地にも瀰蔓し殆ご本土の全部に擴がりたるここ、文獻に徵すべき者あり、古物學上の研究亦之を明かにす。而して其の資性勇猛體質勁悍にして尤も制馭し難かりしここ、國史の記事歷々之を證せり。即ち崇神の朝皇子豐城入彥命をして東國を治めしめ、其の子孫なる上毛野君下毛野君屢々討夷の事に從ふ、景行の朝武內宿禰の東巡日本武尊の東征あり、仁德の朝田道は蝦夷を討ちて敗死せし事等あり、王師頻々として東國に臨み經略の由來頗る久し。然るに奈良朝以前の頃まで奥羽全地方の蝦夷根據の地たりしは、勿論、時に進みて常野北越の地を侵すことあり、朝命に抗敵して反覆常なかりければ、奈良朝より平安朝の初めに亘りては、一層之が討伐に力を用ゐられ、王師屢々夷地に臨み、比羅夫の北征あり東人の東伐あり、田村麻呂の征討に至りて、纔に夷族の首力を北地に驅逐するを得たり。斯くて奈良朝以來征夷を以て朝廷の大業となし特に征夷府を置き征夷大將軍を任命し、蝦夷討伐を以て武勳第一とせられたるは、以て夷人當年の勢力を察するに足る。

異民族の同化及衰滅

本邦の先住民は蝦夷の一種族ならずして、西南地方には別種の夷人居住したるならん。降臨以前に先住民の存在せしのみならず、降臨以後(歷史以前の)に於ても別に又海外より此土に移り來りし異民族もありしなるべし。然れども西南地方先住の民族に就ては、未だ學説上の定論を得ず、故に唯蝦夷族以外の異種族が棲息し居たらんことを推定し得るに過ぎざるなり。是れ蝦夷族は分布の範圍廣大にして、其の東北退嬰の事實も亦史上に歴々たるのみならず、現に其の一部族の殘存して北島に在るに反して、西南地方の異種族は夙に王澤に霑ひ、上世の頃より早く既に同化せられたるを以て、其の事跡の甚だ討索し難きに依る。

然るに西南地方の先住民は、悉く原住地に於て大和民族に同化せられたるに非ず、其の一部分は、一時皇師に服從するを欲せずして、未だ王化の及ばさりし地方に遁れたるの形跡なきにあらず。即ち信州地方に於てアヅミ族なる一民族が存在したる形跡あるが如きは其の一證なり。

安曇宿稱は海神豐玉彥命の子穗高見命の後なること、姓氏錄の記する所にして、九州に於ける別種の住民たりしことは疑ふべくもあらず。筑前國に安曇鄕あること、和名抄に載せらる、而して信濃に安曇郡ありて、郡中に穗高神社あり、其の隣國美濃に厚見郡あり、三河にも渥美郡あり、皆安曇に因緣を有す。惟ふに九州安曇族の一部が、或る事情の下に本鄕を脫出して新天地を東國に開きし者なるべし。更に他の例を求むれば大國主命讓國の後、其の子事代主命は伊豆に去り、建御名方命は信濃に移りしが如きは、原因異なるも略ぼ之と事情を同くす。蓋民族興亡の時に際して斯る事件あるは普通の例にして、毫も異とするに足らず。其の土着の地を移動せし者曾に此等の數者に止まらざるは勿論なり。唯其の鄕土を去るの人衆多大ならざるを以て、幾世代の後、容易く同化せられて、異種族占據の跡を新たに移住したる地に留めざるのみ。

蝦夷族に至りては之に異なり、其の種族の人員多數なること、廣き占據の地を東北に有することを以て、勢力自ら强大にして容易く朝廷に歸順せず、後世に至るまでも王師に反抗したり。若し蝦夷族をして今一段の勢力を保有する民族ならしめたらんには、或は滅亡の運命に陷るを免がれ、大和民族と相並びて本土に存立し政治上の支配は之を大和民族に仰くも、社會上別殊の民族として日本國內に存立するを得たりしならんか。果して然らば我が社會の組織と國家の體制とに容易ならざる障碍を生じ、政治上に由々しき結果を來せしや、之を想像するに難からず。然るに蝦夷族は幸にして劣等の種族たり、頑强なるも智慮なく、勇猛なるも謀圖なし、固より天降族と對立すべき者に非ざるを以て、一部分は自消自滅し、一部分は大和民族に同化し、我國內に於て一個の民族として存在することゝ能はざりしなり。

本邦先住民が咸く民族としての存立を失ひしこと上說の如し。而して此の外に外來の民あり、即ち應神の朝弓月君が百濟より百二十七縣の民を率ひて歸化し尋て阿知使主父子が十七縣の民を率ひて歸化したるを初めとして、朝鮮及び支那より來りし移住民及び俘虜等夥しき數に上れり。然るに此等は言ふまでもなく咸く同化せられたれば、固より國內に異民族を建つることなし。

唯一民族の團體

既に先住民は滅亡し或は同化し、來住民は悉く同化したれば、擧國唯一の大和民族あるのみ。此唯一の大和民族を以て日本帝國を組成す、即ち日本は唯一の血族團體より成れる國家なり。之を換言すれば一家族の膨脹擴大せる一大團即ち日本國家なり。

宗室即君長

一家には家長あり、一族には宗家あり、一族は畢竟一家族の擴張したる者に外ならざれば、一族の宗家は一家に於ける家長の大なる者にして、家長の家族に對する關係は、移して以て宗家の其の全民族に對する關係となすべく、其の理は一家たると一族たるとに於て毫も異なることなし。故に我皇室は全日本民族の宗家にして、自らにして全民族の首長に立たせ給ひ、全民族を統御すべき天命を有し給ふ。之を主權者と呼び、又其の統べ給ふことの狀態を統治權の總攬と云ふが如きは、只此の事實を法律語にて言ひ顯はすに過ぎず。天皇が全國に君臨し給ふは、惟神天然の道にして、人爲人造の理屈に非ず。父は自らにして一家の首長たり、子弟に推されて首長たるにあらず。宗家は自らにして一族の首長たり、族人に選まれて首長たるにあらず。家長が其の家族を愛護するは、自然の發情にして、子弟の要求に應じて愛護を加ふるにあらず、一族の長者が一族の繁榮長久を圖るも、亦其の理を同くす。此道理の上に築かれたるは、即ち日本の國體なり外國の國家も亦民族の團體たるや云ふまでもなし。苟も人あればば必ず家族あり、家族あれば必ず一族あり、更に推し擴めて國民をなす。故に國家の成立を人類の集團と云はずして、民族の集團と云ふの適當なること、前に述べたり。此事日本と外國とにより區別あるなし。唯日本は一個の民族を以て一國民をなし、外國は幾多の民族を集めて一國民をなすを異なれりとす。而して此の異同こそは、寔に國體の不同を生ずる主たる原因にして、最も重大なる事柄なりとす。例へば英吉利は英蘭民族蘇格蘭民族維爾斯民族の大區別あり露西亞はスラヴ民族、芬蘭民族、波蘭民族、韃靼民族等を始め數十種の民族あり、墺匈國は獨逸民族、匈牙利民族、波蘭民族、チェック民族等あり、此等各民族は更に又小分派に別たる。其他諸國亦皆幾多の民族より組成すること人の知る所の如く、同一の民族を以て一國家を成せること我國の如きは、全く類例を見ず。此の如く一國中に存在する多數の民族は、各自に一種族として風俗習慣を有し、宗敎言語を有し、又各、一種族たるの自覺及自信を有す。故を以て政治上同一支配の下に立つと雖も、社會的には各個特別の信念を有して、互に同化せらるゝことなし。此等各民族の中には既往に於て獨立の國家を立てたる者あり現在に於ても其の國より分裂して新たに一國を形成せんとするの傾向ある者あり、又は准獨立國に均しき自治體たらんとする者あり。墺匈國の匈牙利人、露國の芬蘭人及び波蘭人の如き、英國の愛蘭人の如きは、即ち其の實例なり。此の如く內國に異民族騈立して國の統一を妨ぐることは、列國の憂慮を同くする所にして、實に各國に於ける根本的の難問題たり。

同化の難易

優越なる勢力を有する民族は諸他の異民族を壓服して、己れの權力の下に立たしむるを得べし、而も一の民族が他の民族を同化するは容易ならず。而して能く他の民族を同化すると否とは、自他民族の數量並に自他民族の資質如何に依る。其の數幾百萬人の多きに上り、若くは其の資質敢て優劣なき民族は、殆ど絕對的に同化し能はざるを常とす。之に反して民族の數量絕大なる場合に於ては、被征服者が却て征服者を同化することあり。支那を征服したる韃靼人及び滿洲人が、被征服者たる漢民族に同化せられ了りたるが如き即ち是なり。然るに我日本は絕海の島國にして、他民族の侵入に便ならず、先住民なる劣勢の異民族は長き年代の間に、悉く同化せられて殆ど痕跡を留めざるに至れり。勿論上代に於ける蝦夷族の數量は大和民族に幾倍せし時代ありしことを推想し得べきも、同民族は資質劣等なりしを以て敗滅に歸しければ、全國を通じて異民族の存在を認めず、以て列國の如き異民族混成國たるを免かれ、以て列國が同憂同患とする所の民族統一難を感ずることなきは、絶大なる天惠こ謂ふべし。民族は皆同化力を有し、又皆他の民族を自己に同化せんごする傾向を有すご雖も、之ご同時に各民族は皆他の民族に同化せらるゝを拒斥するの力ご傾向ごを有するを以て、事實他の種族を己れに同化するは容易の業にあらず。唯數の少き者、及び天質の劣弱なる者が、他の大數の民族或は優秀の民族に同化せらるゝを免かれざるなり。漢民族が滿洲族蒙古族を同化するは大數を以てするなり、日本民族が蝦夷族を同化するは優秀を以てするなり。然るに後世各國內に於ける異種の民族は、何れも幾十百萬の人數を有し、其の資質に於ても未だ大なる軒輊を見ず、否な劣等民族は上世既に敗滅に歸し、後世に存續するものは比較的優等の民族のみなるを以て、甲の民族が乙丙丁等の民族を同化せんここは殆ご不可能に屬す。或は甲乙丙丁、の各種族互に其の優

君主の地位

質を提供し、國中の各民族が渾然融合する時代の來らんことを想像し得られざるには非ざるも、其は果して幾百千年の後なるや、固より人智の豫知すべき限りにあらず。隨つて一國中に幾多の民族を包容するの現狀は、將來尙幾十百世代の間繼續すべし。故に外國に於て現に唯一民族より成れる血統團體の國家の存在せざるのみならず、將來に於ても亦其の存在を見るを得ざるべし。是れ日本民族が或は先住民を驅逐し或は之を同化して、日本國土の全部を同一の民族を以て占有する者と全然趣を異にする所なり。

右唯一民族を以て日本國を組成するは我國性の特殊なる第一要點なり。

次に說くべきものは、君主の地位儼然として國初より定まり、且つ終始一貫して渝らざることなり。是れ唯一民族より成れる國に於ける當然の體制なり。何となれば同一民族の祖先は唯一にして、其の祖先の正統を紹く所の宗家も亦必す唯一なるべければなり。故に之を社會的に觀察すれば、前項と別ちて說述せんよりは寧ろ之を併論するを便とするも、之を政治的に視察すれば、其の間に截然たる區畫あり。即ち社會的に謂ふ所の族長は、政治的に謂ふ所の君主にして、君主は即ち統治權の總攬者なり。而して予輩が此に述べんとする所は、統治權を總攬し給ふ所の君主としての地位が、日本の建國と同時に定まり、且終始一貫せることは是れなり。之を詳言すれば、我が皇祖が日本國土に出現し給ひし時は、即ち日本民族が此土に據りたる時にして、之と同時に皇祖は斯の國土斯の民人に君臨し、萬世渝らせ給はざることなり。親房卿の所謂「天祖始めて基を開き日神長く統を傳へ給ふ、我國のみ此の事あり、異朝には此類なし」と云ふ者是れなり。以下此の事情を說かんこす。

民族なければ首長あるべからずこ雖も、外國にては君長の地位は民族こ同時に定まることなし。必ず先つ民族あり、然る後に首長あり。而して首長が其の地位を獲るの順序は、多數民族互に相爭ひたる結果、其の中の優越なる者が自ら首長こなるか、又は多衆人より推されて其の地位を獲るかなり。故に其の地位が自力に依りて獲られたるこ、他人の推擧に依るこの別なく、民族ありて後に首長あるは即ち一なり。凡そ各邦土に捿息する民族は、常に同種族のみに限らざるが故に、同一血統團に於ける族長を以て、首長の地位を專占するを得ず。其の彊土の擴まりて邦國の形を成すに至りては、其の民族益、複雜こなれるを以て、固より族長たるの地位を以て、衆民を支配するに適せず。而して民族中より君主なる地位を分化して、一個の原始的國家を建設する時代は、更に數多の世代を經過せる後世に在るを以て、假りに血統上或る一民族の宗家に近き者が君位に即くも、以て其の同族をだも心服せしむるの威信を有せず、況や他の民族をや。

天壤無窮の寶祚

天祖の詔に曰く、葦原千五百秋之瑞穗國是吾子孫可王之地宜爾皇孫就而治焉行矣寶祚之隆當與天壤無窮者矣と。是れ日本國即日本民族に君主あるの始にして、而して民族と君主とは同時同刻に日本國土の上に出顯したるを證する者なり。是より以前は天界の事に屬す。換言すれば皇室を中心とする日本民族は、此時日本の國土に天降りましまし〻なり。

上掲の神勅には下の二大義を含む。即ち瑞穗國なる斯の國土は皇孫の治らすべきこと、皇孫は無窮永遠に君位に在るべき事是なり。道徳上の語を以て之を言明すれば、日本帝國は天祖の肇造する所にして、君臣の分は肇國の時に定まれるなり。若し夫れ國法學上の語を用ゐて之を説明すれば、日本國土に於ける日本民族は皇孫の統治し給ふ所にして、之を日本國家と謂ふなり。是れ日本帝國成立の自然の道にして、斯道は道徳論に依て定められたる者にもあらず、法理を研究して發見せられたる者にもあらざるなり。

卑族が尊族の下に立ち、支族が宗家に從ふは自然の理なり、幹に出てざるの枝なく、本流に入らざるの支流なきが如し。故に日本國民は祖先以來宗室に對して恭順忠誠の至情を盡し、未だ曾て違ふ所なきなり。蓋何れの民族と雖も、尊卑本支の別なき者は之あらずと雖も、族制を以て國制の基礎とする者は、未だ其の例を外國に見るを得す、究竟是れ國を組成する民族の雜駁なると純一なるとに歸す。

天祖肇國の頃に於て、同じく國土を中國の或る部分に開きたる神々あり、出雲に於ける大國主命は其一なり。然るに經津主武甕槌二神神勅を奉して其の國に赴き、天孫降臨の旨を傳へければ、大國主命は直に命に從ひて國土を奉れり。是れ大國主命は素尊の子にして、宗室たる天孫に對抗すへからざればなり。神武天皇東征の時饒速日命は是より前き既に大和に在り、長髓彦に推されて其の地の首長たり。然るに命は長髓彦を殺して天皇に恭順せり。蓋し命も亦皇裔なれども、嫡流にあらざればなり

傍系は正系に若かず、支族は宗室に對抗するを得ず。此を以て我朝の大統は秩然として紊れず、凛乎として冐すへからず。同じく皇胤に屬する大國主命及び饒速日命にして、退讓避國すること斯の如し、況や此よりも遙に支族末流に屬するものをや。之を外國の君位が血統と沒交涉にして、本末正枝を問はず、同種異族を論せず、專ら强力者に歸するものと比較して其の差別實に如何

ぞや。予輩が我が國體を論ずるに方り、外國の事例を以て律すべからざるを極言するは、即ち國家成立の起原ご沿革この、全然外國ご同しからざるが爲に外ならざるのみ。上來の所說を法理學の用語を以て言ひ顯はせば、日本國家は世襲君主國にして其の統治者は天祖の正系なる天皇なりご謂ふに歸着す。此の國家の體制は固より外國の例を以て律すべからずご雖も、尙一般法理を以て之を解說すべからざるに非ず。獨り全く法理を以て說くここ能はざるの特性あり。何ぞや、君臣の大義是れなり。

権力關係の君民

歐洲に於ける君主ご人民この關係は、治者ご被治者この關係なり。治者被治者の關係以外に君主ご人民ごを結び付くる何等の聯鎖あるここなし。故に其の君主が人民を服從せしむるは唯治者たるの地位に在るの時期に限れるは勿論にして、一朝現地位を離るれば、君主も人民も同等にして無差別なり。君位を離れたる君主に對しては、身邊に隨從する家僕の輩が主從の禮を執るのみにして、一般の國民は何等の關する所あるなし。即ち君主こは權力を握る人の義にして、人民も權力を握れば一朝君主たるを得べし。左の如し。

君主−權力＝人民

人民＋權力＝君主

故に其の民衆は「人民」にして、我が所謂「臣民」にあらず。偶々之を呼びて「臣民」の語を用ゆるは形式的の用語に過ぎず。

本朝の君主は唯一の權力を以て其の位を有ち給ふにあらずして、別に或る物の存在するあり。故に外國にては君位＝權力なるに反して我國にては君位＝權力＋xなり。我國體の尊貴は即ちxの價値の上に存す。

支那に於ける君民の關係は、歐洲諸國の者の如く法律的ならず、治者被治者の關係以外、別に君臣の義あるは明かなり。然れども君位に陞る者幾十姓氏啻ならず、嬴氏の民は劉氏に屈從するも之に臣從せず、李氏の民は趙氏に忠順なるを肯ぜず。故に同時同國中に、臣節を執るの民人あると共に、忠誠を肯んぜざるの民人あり。國民咸な其の君主に忠順なるべしと謂ふは、君位を保有するの必要上に生じたる敎訓にして、社會組織の自然に出でたる道德にあらず。此を以て古來忠順節義の論極めて盛んなれども人民は衷心の忠誠を捧ぐることなく、君主は人民に忠順を强ゆる能はず。學者折角の忠義論は机上の空談に止まりて、事實の上に現はるゝを得ざるなり。其の證據は淸朝の末路に於て實見せられたるのみならず歷朝滅亡の事跡は咸な之を證明する者にあらざるはなし。

君臣の大義

我が君臣の大義は、肇國の時より確定して萬世渝ることなし。臣民の天皇に忠なる所以は即ち宗室に孝なる所以、宗室に孝なる所以は即ち天皇に忠なる所以、忠孝兩道一致して離れざるは、實に我國體の精髓精華なり。是れ世人の普く知る所、絮説の要なし。既說の如く外國に於ては政權の外に君主なく、政權を離るゝと共に君主たるの尊位は消失するも、我國に於ては君主は政權を統括するの尊位たるのみならず、社會的に臣民より忠順の至誠を捧げらるゝの寶位なり。故に權臣の政柄を弄するの時代に於ても、君臣の大義は嚴然として動かず。權臣も亦一般の臣民と共に皇室に對して人臣の禮を盡し恭順の誠を効す。武人專權時代の事即ち是れなり

我が臣民の天皇を仰ぐは治者として之に服從するに非ず、實に天上天下、唯一無二の君父として之に奉事するなり。天皇の斯國

に臨御し給ふや、亦被治者たる民人を司配せんが爲ならずして、實に美はしき愛らしき赤子として之を愛護し給ふに在り。本朝に於ける統治は此の政治的關係と社會的關係とを併せたる者なり。此の兩者は學理上分離して說くを得るも、事實上別つべからず。此を以て我が統治權を解說するは、外國の統治權を說明するが如く單純ならず

統治權の正解

法律學者の統治權を說くに曰く、統治權とは他の人格者に對して無條件に命令し且其の命令を强制し得る意思の力なりと。蓋し無條件に命令し强制し得る者は國家より外に之あらざれば、統治權を斯く解釋するは至當なり。然れども實在の國家に就きて之を觀れば、國家は單に强制の力ある權力關係の下に成立する者にあらず。命令服從の關係は微妙なる人間心機の上に構成せらるゝを以て、斯の如き乾燥無味の解釋のみにては統治權を

說明し得べくもあらず。

國家は生存せざるべからず、故に國家の行動は生存を保繼し、生存を裨補する者ならざるべからず、生存に矛盾するの行動は決して國家の取らざる所なり。國家統治權の發動は、即ち國の生存的意思の發動に外ならざれば、眞正の統治の道は即ち最も良く國の生存を遂ぐるの道ならざるべからず。主權者は命令を强行し民衆は命令に服從すと云ふは、唯主權の性質を言ひ顯はすに過ぎず。權力の實質と其の効果とを說き明かすに過ぎず。更に權力の淵源を探り効力の結果を討ぬるにあらざれば、國家統治の何事たるやを理會するを得ず。此に於てか主權者は何故に命令するの權力者たるを得るか、民衆は何故に甘んじて之に服從するかの問題あり。

既に前章所說の如く統治權は國家最高の權力にして、至善を本質となす。國法學者は其の最高の權力たり絶對無匹の權力たるを認むるを以て足れりとして、其の本質に及ばさず。至上最高は位地を謂ふなり、至善の本質は內容を謂ふなり。至善ならざれば最高なる能はず、假令一たび最高なるも、其の位地を永久に保つこと能はざるなり。玆に至善と謂ふは倫理的若くは出世間的の謂にあらず、其國に即し其時に即しての至善を謂ふ、言ひ換ふればば一定の國家に於ける全民族の生存繁榮を永久に保維すべき最も善良なる道を盡すの謂なり。而して統治權は君主の總攬する所なるか故に、君主の理想は至善に在り。

國家の意思(主權)は國家の生存繁榮を遂けんとするに在るが故に、其の意思の發動即ち權力の行用は生存繁榮に矛盾することなきを本則とす。即ち主權の命する所は必す國と民との爲に最善至良の者たり。之れを國家が命令を強行するを得る根本の理

權力と暴力

由とす。家國民人の生存繁榮に矛盾するの命令を强行する權力は、決して國家の有する所にあらず。此の如き命令を强行するは之を權力と呼ばずして暴力と呼ぶなり。故に民人の其の命令を奉ずるは、主權が抵抗すべからざる權力なるため、己の意思に反するに拘らず、據ろなく之に服從するには非ず。勿論主權は抵抗すべからざる權力なり、然れども其の不可抗は微力なる自己の力を以て之に抵抗する能はざるを謂ふに非ずして命令に反くの結果が結局國家の不利となるが故に抵抗すべからずとするなり。一派の學者此理を解せず、統治權の絶對無制限の權力なりと謂ふに對して、國家と雖も無辜を死刑に處するを得ず、恣まに人の財産を沒收し得ざるは、統治權に自ら制限あるを證する者なりと謂ふ。知らず此種の學者は國家は惡事を行ふを得べしとなすか。無辜を殺し財産權を蹂躪するは暴政なり。統治に非ず。國家が權力を行ふは暴惡を遂ぐるが爲に非ずして善を成すに在り、暴政は國家の自殺なり、生存繁榮を遂ぐるの目的と正に反對す。之と同じく服從者が命令を拒否するは、家國民人の福利を傷害するの行爲なるが故に、之を不可とするの理も亦明白なり。統治權の本質上說の如し、故に君主の位に在るや、固より私慾を恣まにし私利を遂くるを以て目的となす心からず。少數貴族が政權を握るの時亦然り或る團體が政權を握るの場合も亦然り。然れ共實際の事實は必しも之に合せず。凡そ政權を掌握する者、武力に依り財力に依り人望に依り年齡に依る等の差別あるも、仁政を施し天下を安穩にするを理想として主權者の地位に立つが如きは、十中纔に一二あるのみにして、大多數は自己の私心を飽充せんが爲に、權力者の地位を奪取して之に代る者にあらざるはなし。其の權力の下に屈服する者も、亦悅びて之に歸服するにあらず、只强力の敵すべからざるが故に、心ならずも其の前に羅拜するのみ。斯る場合に於て國家を解說するに、權力關係を以てするは適切なり。何となれば主權者と服從者との關係は、唯一の權力に依りて維がるゝ者なればなり。故に一朝權力に偏重偏輕を生ずる時は、主權者の位地は忽ち傾覆するを免れざるなり。

有愛政治の原理

然れども永遠に邦國を統治するの道は獨り威力權勢のみを以てすべからざるは明白なるが故に、或は德を以てし或は法を以てし、以て其の地位の長久を期せんとするは各國の實例にして、歐洲に於ては之を法に取り、支那に於ては之を德に待つこと旣に前に說けり。

日本國家は血統團體なるが故に、日本の國家を說明するには、血統團體に具有する理法を以てせざるべからず。

人間本來尊卑の別なしと雖も。血緣には自ら尊卑上下の別あり。親は子よりも尊く、兄は弟よりも上に位す、兄弟相別れ子孫相繼き、源を距る愈遠くして派を分つ愈多しと雖も、尊族卑族の別は秩然として紊れず。一家に家主あるが如く、一族には族長あり、全民族の本流たる系統は即ち全民族の宗家なり。是れ理論を以て推す所にあらず、又法律を以て定むる所にあらずして、天爲自然の道なり。子が父の地位に代るとと能はざる如く、支族は宗室の地位に代ることを得ず、尊卑の分嚴然として犯すべからず。此事衆人の審にする所にして、毫も疑義を挾むものなし。

父が子女を愛護するの情は、族長が一族を愛護するの情なり。族長が一族を愛護するの情は、民族の宗家が全民族(全國民)を愛護するの情なり。民を子とすと云ひ、又君は民の父母と云ふの義は外國に存せざるに非ざるも、外國にては是れ惟一個の形容文字に過ぎざるに反して、日本に於ては此大義は事實の上に行はる。國民を黔首黎民ど呼びて之を賤しみ、又之を奴隷どして苦役に就かしむるは、外國に於ける普通の例なりしも、本邦にては罪人又は俘虜の外奴隷なく、我朝廷は常に國民を愛重して、之を呼ぶにオホミタカラの稱を以てす。古典は之に充つるに大寶、公御財、公民等の字を以てせり。是れ祖宗の法なり。君臣の情誼、全然趣を外國ど異にするを察すべし。本朝祖宗歷朝の國を治らすや、必ず億兆を子育するの大義に則る事跡は、之を歷史の本文に讓り、此に之を列記するの煩を省かん。年代愈、遠ざかり、民族益、蕃殖するに從ひて、血統に基つくの觀念漸次稀薄どなるど雖も、臣民に對する愛護、君上に對する忠誠は、時代に順應し形狀を變化して現はるゝも、其の理恒に父子相親愛するの情に基つかざるはなし。此事一般國民の首旨する所なれども、歐洲の法理に心醉する者

シラスの義

の聊か理會に苦む所なるが如し。

統治の古言は「シラス」なり。天祖の勅語に、爾皇孫就きて治らせとあるは統治の義なり。治御初國《ハツクニシラス》天皇《スメラミコト》と謂ひ、御大八洲《オホヤシマシロシメス》天皇《スメラミコト》と謂ふの「シラス」は、皆此義に外ならず。然らば統治即ち「シラス」の意義は如何。

古典大國主命避國の章に曰く、建御雷神は天祖の勅を奉じて出雲に到り、大國主神に告げて曰く「汝が宇《ウ》志《シ》波《ハ》祁《ケ》流《ル》葦原中《ツ》國は我《ワガ》子《ミコ》の知らさむ國」なりと。此に同じく國土を司配するの義に、一は「ウシハク」と謂ひ、一は「シラス」と謂ふ、此間大に意味の異なる者あり。宣長之を釋して曰く「ウシハケル」は主として其處を我物と領し居るを云ふ、天皇の天の下知ろしめす事などを「ウシハキマス」と申せる例は更に無ければ、似たることながら所知食《シロシメス》などと云とは差別ある事と聞えたり」と。蓋し「ウシハク」とは領有の義なり。

國主大名が封土を領有し、專制君主又は貴族が國土を領有するは皆「ウシハケル」なり。彼れ其の土地人民を自己の所有物として、之を領有す、則ち領主は主にして、國土民人は從なり。領主の爲の國土民人にして、國土民人の爲の領主にあらず。然るに領主たる者の自我主義は、動もすれば民衆の利益と相容れざるを以て、領主は永く其の地位を保たんために自ら抑損する所あり、此に於てか邦土の爲の領主、民人の爲の主君と謂ふ觀念を生じ、天の君を立つるは民の爲なりと謂ふの元則は普く認めらるゝに至る而も領主が邦土民人を「ウシハク」は、究竟領主本位に外ならざるを以て、領主の行爲は常に自我主義に復歸せんとするの傾を有し、君民の爭を續出す。是れ古今東西の史上普く見る所の事實なり。

統治即ち「シラス」の義は之と同じからず「ウシハク」の領主本位な

るに反して、「シラス」は國家本位なり、「ウシハク」の一身一家の利益を目的とするに反して、「シラス」は國家全體の福祉を完ふするを以て目的となす。曇らぬ心の鏡に照して天下民人を知ろしめすは、皇祖肇國以來の大法なり。外國に於て强力者か國土民人を征服して國家を組成する者とは其の根原を異にす。

皇祖皇宗か天職を重んし、大八洲臣民を統治(シラス)するを以て大御心となし、一人一家に享奉するの私事に非ざることを示されたる實例は、史上擧げて數ふへからず。而して此大法は後の聖主が時勢に應じて新たに立て給へるに非ずして、建國の當初天祖の定め給へる傳國の大訓なるは、上に述べし所に依りて明かなるも、尙シラスの語を古典に依りて註蹠せん。

崇神天皇四年の詔に「惟れ我皇祖諸の天皇等宸極に光臨するは豈一身の爲ならむ、蓋人神を司牧し天下を經綸し給ふ所以なり」

とあるは、國家民人の爲に統治《シラシ》して、一人一家の爲に領有《ウシハケル》するに非るの大法を詳釋し給へるなり。又文武天皇即位の詔に「天の下を調へ賜ひ平げ賜ひ天の下の公民《オホミタカラ》を惠み賜ひ撫て賜はむ」とあるは國家の安穩泰平を願ひ、國民を愛撫慈育し給へることの、甚深至切なるを拜察するに餘りあり。大殿祭《オホトノホカヒ》の祝詞に「豐葦原瑞穗の國を安國《ヤスクニ》と平らけく知《シロ》しめせと言寄《コトヨサ》し奉り賜ひて」とあるも、亦同一の意にして、皇祖皇宗の斯土に君臨し給ふは、常に恒に家國民人の安泰昌榮を圖るに在るを證明する者なり。此の大御心の、彼のウシハケル君主の心事と大なる差別あるや言ふまでもなし。

是故に「シラス」とは家國民人を愛護するの謂にして、統治の意も亦全く此義に外ならず。而して統治者は即ち天皇にして、古典に治御初國天皇《ハツクニシラススメラミコト》と云ひ、大八島知しめす何々天皇と云ひ、又詔書の

「スメラ」の義

例式に御大八洲天皇《オホヤシマシロスメススメラミコト》と云ふが如く、常にシラスの語を連ねて稱へ奉れり。

スメラは統ぶるの意なり。連珠をミスマルと謂ふが如く、「スメラ」は天下を統括するの謂なり。故に天皇《スメラミコト》の尊稱は、尊稱自體が統治者と云ふ意味なり。即ち國家成立自然のまゝの狀態が自然のまゝの名詞に顯はれたる者にして、亦是れ我國の體制が人爲加工の者に非ざるの一證たり。

支那に於ては、君主を稱して皇帝と云ふ。皇は天の義にして皇天の熟字をなす、中心、光明、弘大を意味す。帝は諦の義にして、德天に合する者を帝と稱し、又德を天地に象りて帝と呼ぶ。皇帝は君德を天に比擬するの稱號にして、一個の形容文字修飾の稱呼たるに過ぎず。

英語のエムペロールはイムペラトールに出づ。三軍を率ゆる者

統治の弘狹二義

の義にして、之を譯すれば元帥の語最も近し。其の初め羅馬の貴族會より執政官に軍隊指揮權を附與す、イムペラトールは此の權能を授けられたる執政官に屬する稱號なり。君主の權力は强力(武力)に基づくことを自ら證明せり。

此の皇帝の意義及びエムペロールの意義と我が「スメラミコト」の義と如何なる懸隔あるやは自ら明白にして、唯此語意を含味するのみにても、彼我國體の差別を觀るに於て思ひ半ばに過ぐる者あらむ。

論じて此に至り、予輩は更に進みて「シラス」即ち「統治」の意味が、今日國法學者の所謂狹義なる「統治」の意味と如何なる差異あるやを檢分せざるべからず。

既記の如く國法學者は統治權を釋して「自己の力によりて命令し其命令を强制し得るの權力」なりと云へり。主權の所在に關しては學者の所論一致せざれども、統治權が强制の力ある權力なりと謂ふことは、國法學者の一致する所なり。今此定義を演繹すれば、統治者即ち主權者は、命令を强制し得るの權力を有するが故に命令するを得る者にして、被統治者即ち民衆は、命令に對抗し得べき力を有せざるが故に之に服從するに外ならず。是れ即ち强者の權力なり、覇者の權力なり。國を統制するの義、果して此に盡くる乎。

家父が一家中に於て、優勝者（强者）なるは事實なり。然るに家父が一家を治むるは、强者たる自己の能力に因るのみに非ずして、別に或る者の存在するを認むべし。妻子眷屬が家父に服從するは、家父が强者なるが故のみにあらずして、亦別に或る者の存在することを認むべし。主權者の邦國に臨み、民衆の主權者を仰くも亦又此の如し。茲に孤獨の人あり。幾人の男女を拉し來り、之を奴僕とし之を妾婢となし、以て一家を構成したりとせよ。彼の家長が一家の主宰たるは、自己の一身に具有する優勝の力に依るの外、絶て何物もなく、僕妾の之に服事するは、家長の優勝なる力に對抗する能はざるが爲の外、復た全く因由あることなし。此の場合に於ける主從の關係は、强者の權力に依りて解釋するを得べし。所謂英雄豪傑の士起り、民人を征服し邦土を占領して之が主君たるの場合は、其の理之と相同じく、其の關係は强者の權力を以て解釋するを得ん。學者が統治權を說くに、命令强制の一事を以てすることは、斯る場合には適合すべし。

我國の事情は即ち然らず。一家の家父は家長の權力を行はん爲に妻子眷屬を率ゆるにあらざるが如く、我天皇は强者の權力を行はんが爲に國土臣民に臨まず。由來天皇は自ら要めて長者たるに非ずして、惟神にして長者たり、皇室は自ら要めて宗家たるに非ずして、自然のまゝにして宗家たり。既に長者たり宗家たるの位地が天縱惟神なれば、其の國土民人に臨むも亦天縱惟神にして、此間絕て人爲の工匠を加へず。是れ征服者と被征服者との關係が、君主と人民との關係となりたる邦國と趣を異にする所なり。其の强弱勢を異にし尊卑位を異にするは、彼我全く相同じと雖も、彼に在ては强者たる權威を用ゆるに非ざれば、以て尊貴の位地を保つ能はざるに反して、我に在ては强者の權威を揮はざるも、亦自ら尊貴の地位を有つを異なれりとす。事實我國に於て君王の下民に臨むは、固有の權力に依賴して、命令を强制せんとするの觀念に於てせず、偏に億兆生民を愛護慈育せんとするの觀念に於てす。故に臣民の君王に對するや、亦宗家として慈父として之を仰くに在りて、優勝なる權力の下に屈服するの觀念に於てせず。蓋征服者と被征服者との關係は、强力に依らざれば倫常を保つこと能はざれども、同一民族が增殖發展して一國を形成し、殊に君臣の分限初より確定せる國に在りては、强制の力を以て國家統治の唯一條件となすを要せざるなり。國家組織が血統團體に成れる我國に於ても、命令を强制し得ることが統治の要件たるは勿論なれども、命令を强制することを以て、統治權に於ける唯一の要件となし骨髓となす心からざるなり。

國法學者は命令を强制することを說くに止まりて、其の命令を强制するは何等の理由に出づるやを問はず。蓋强者の權力を說くに於ては、之れが理由を問ふの要なきに依る。是れ外國の統治權を論する場合には、敢て不可なしと雖も、日本の政法を論する場合には不可なり。而も學者日本の國法を論する時に於ても亦同じく之を問はざるは、即ち外國の國法を以て日本の國法を律せんとするに因る。會、少數の學者此に着眼するあり。其言に曰くく最高絶大の權力を社會保全の爲に行ふに由り始て統治主權となること。又曰く統治の實質は保護なり、其の形式は權力なり、權力なければ保護なし、保護と謂ふときは權力に依るの保全を意味すこと。是れ社會民衆を保全愛護するは、即ち統治の目的なることを謂へる者なるべし。其說先つ我意を得るに庶幾し。實に至高絶大の權力は、如何なる命令をも之を强制し得られざるなし、然れども其の權力の行用が、家國民人の福祉と相容れざる者なるときは、之を統治と云ふべからず。隨つて其の權力を統治權と稱することは、予輩の肯ぜざる所なり。普通の學者が唯權力の外形を見て其の行用の目的を問はざるは、統治權を正解する所以にあらず。覇者の權力は之に依りて說くを得べし、王者の政道は未だ盡さず。況や我國に於ける「シラス」の大義をや。

第五章　本朝政體の變遷

神武天皇以降一千有餘年の間、代々の天皇萬機を親裁し給ひ、名實共に天子の親政なりき。然るに中世乾綱紐を解き、藤原氏先づ外戚の緣故を以て攝關の政を弄し、次で政柄武門に遷りて幕府政治となり、朝廷は只虛器を擁するのみ。以て明治中興に至るまで、又一千有餘年を經たり。此間に於ける政變を區別すれば、帝政、攝關政治及び幕政の三段となすべく、或は攝關政治を帝政の中に包容せしめて、帝政及幕政の二大段に別つべし。而して大段落中亦自ら幾多の小段落あり、幾多の世期を畫するを得べし。新井君美は之を細別して、大勢九變して武人の世となり、武人の世亦五變して德川氏に至るとなす。是れ政權遷移の跡を趁ひて分つ所なり。或は骨の世、職の世、名の世を別ち、大勢三轉の說をなす者あり、伊達千廣是なり。此說は政治機關の組織に基づくの區別なり。其他各、見る所に從ひて區別を異にするも、要するに政權の歸屬する所に從ひて之を別つは則ち一なり。換言すれば唯司配者の一方面のみを觀て、被司配者の側には一顧を與へざるの觀察なり。古人の觀察此の如くなるは、自ら理なきにあらず。蓋君美以下皆幕府時代の人にして、同時代に於ては被司配者即ち庶民は政治上全く無資格無權能にして、毫も政局の遷轉に關係を有せざればなり。明治維新以後の庶民の地位は全然往年と同じからず。然るに明治以後に於て大勢を論ずる者、亦依然として舊套を襲ひ、明治の新政が本朝政變の一大段たるを認め、之を大化の改新鎌倉の開府と並べ說くのみにして、未だ庶民の地位の古今未曾有の變革を經たることを、政治上絕大至要の事件として特に擧げ示さざるは、予輩の遺憾とする所なり。政治機關の組織如何に依りて政變を觀察し段落すること、固より一個の方式なり、然れども庶民の地位の變革を標準として政變を觀察することは、一層切要なるを感ずる者なり。予輩が茲に本朝政體の變遷を論ずるは、此の意味に於てす。

昔時人文未だ進まざる時代に在りては、庶民は固より何等の權能資格を有せず、其の政治上に於ける地位は水平線以下に在り。是れ獨り本邦に於ける實況なるのみならず、多くの邦國に於て概ね其の趣を一にする所なり。我朝の此の時代に方りて、政治上に大小の資格權能を有したる者は、諸氏族の長者並に其の族人にして、一般庶民は絕て之に與かることなし。庶民の業務は耕作力役に在り、子々孫々服從者の地位に在りて移らざるを通例とす。然るに現今の世、氏族に尊卑の別なく、民人に上下の等なく、全國の民衆擧りて同等の權能資格を與へられ、社會上並に政治上

政變の段落

に於て庶民は往年の上級者と比肩駢列す。而して往昔政治上特殊の地位を占めたる諸氏族は、其の門地血統に伴ふの權能資格を喪失して、纔に社會上の或る場合に諸氏族の特殊の名譽が、微かなる餘光を保ちて當年の面影を留むるのみ。

斯くて一般國民(庶民)を目安として本朝政治の變遷を觀察する時は、左の如く二大段三小段に別つべきものなり。其の異なる所は彼は上より觀、我は下より觀るに在り。

第一大段　階級制
　氏族階級制(一)
　門閥階級制(二)

第二大段　無階級制即明治新制(三)

昔時の政治は帝政時代あり攝關の時代あり又武門政治の時代ありと雖も、上下二千餘年に亘りて共通倶有なる一個の特資あり。即ち氏族又は門地を以て社會上並に政治上に階級を形成し、

氏族階級制

階級の高卑に準して大小の權勢を有し、庶民は政治上に於て全く關與するを得ざるのみならず、社會的に於ても氏姓門地と對立する能はざりしこと是れなり、之を第一大段となす。

上代に於ては、天皇の親政なりしと雖も、其の親政は直接に一般庶民に及ぶことなく、天皇の恩德は諸氏族の幾階級を經て始めて庶民に光被し、庶民も亦各所屬の氏族階級を通じて間接に天皇に奉事す。唯御名代の民が直接に皇室に隷屬して直接に奉公するあるのみ。之を圖示すれば左の如し。

(一)氏族階級制

皇位

宗室
- 御名代の民即ち庶民
- 皇別諸大氏—諸小氏—部曲《ムレノタミ》即ち庶民
- 神別諸大氏—諸小氏—部曲《ムレノタミ》即ち庶民

臣民

カバネ

例へば大氏なる皇別の阿倍氏は、其の小氏なる阿倍志斐、阿倍間人、阿倍長田、阿倍陸奥、阿倍安積等を率ゐ、又神別大氏なる物部氏は、其の小氏なる物部肩野《カタヌ》、物部韓國《カラクニ》、物部依羅《ヨサミ》、物部飛鳥、物部多藝《タギ》物部石上《イソノカミ》等を率ゆ。中臣氏大伴氏等亦大氏にして、是より岐れ出づる小氏ありて大氏に屬すること前者に同じ。小氏の下に部曲《ムレノタミ》あり、即ち庶民是れなり。庶民の男は弓弭《ユハマ》の調、女は手末《タナスヘ》の貢を奉り、小事は小氏の氏上之を裁決し、最も重大なる事故にあらざれば朝廷に奏請することなし。蓋し國を擧げて王土に非ざるはなく民を擧けて王臣に非ざるはなしと雖も、事實部曲は諸氏の私領に屬するを以て一般庶民は間接に朝廷の下に立つ者なり。後世封建時代の百姓町人が藩主の私領する所となり、更に上級の將軍なる一階級を通じ、然る後に皇室に臣從するものと、其の實質を異にするも其の外形は相似たり。

大化改新

骨《カバネ》制の代凡そ一千年を經て漸く其の弊を生す。此の時代に於ては職業及び地位は總て姓氏に依りて定まり、家傳世襲して移らず。中臣氏は世々祭祀を掌り、物部氏は世々兵事に從ひ、服部連の衣服を製し、船連の船舶を造るが如き、皆其の職を世襲し、而して其の地位亦姓氏の尊卑に依りて定まれり。然るに年代を經るに從ひて諸氏族の勢力に強弱を生ずるは自然の數にして、勢力の強弱は諸氏族の間に於ける權力の均衡を失はしむ。此に於てか氏族中の最も強大なる者は權威を揮ひて弱小なる他の諸氏族を凌駕するのみならず、御料の土地民人さへも容赦なく侵犯するに至れり。斯くて兼併呑噬の結果、子代の民、屯倉、部曲の民の區別も明かならざるに至り、蘇我氏專横時代に於て弊害を極めたり。大化の改新は實に此の積弊を廓清すへきの要求に促がされたる者なり。此を以て新制の第一着として、土地人民を私領するの舊制を罷め、代ゆるに食封を以てす。從來天皇の命令は先づ氏の上に下り而して統治權の間接に庶民に及びたるに反して、爾今以後全國の民衆を擧りて國家の公民となし、日本の國土を擧りて國家の公土となすの主義を確立せられたるなり。大化改新の詔に、天下を兼ぬ併せ萬民を使ふべきは唯天皇のみとあるは、即ち土地民人を私有するを禁して、之を天皇に直隸せしむるの主義を明にしたる者にして、同時に門地に拘らす人材を擧用するの新制を立て、一擧にして舊制を打破し積弊を一洗せんと試みたるなり。

此新制は時勢の要求が偶々隋唐文物の輸入と相合して行はれたるにて、其事恰も幕末に於ける時勢の要求が、西洋文物の輸入と相合して明治の革新を遂けたるが如し。然るに唐制の應用、入るに急にして撰むに麁なりし結果、惜い哉大化の事業は全功を收むる能はず、尋て藤原氏の專横を誘致して、遂に帝政の式微を招來せり。外制に則るの極めて愼密の注意を要する所以の者、實に此に存す。明治年間に於ける西洋文物の應用は固より唐制模倣の比にあらずと雖も、外典の適用が國家の基礎に影響する効果は古今相同じ。政治家の細心精慮を加ふべき所なり。

次に門閥階級制は藤原氏より德川氏に至る一千餘年間に亘れり。然るに藤原時代は尙カバネ制の遺風を留めたれば、純然たる門閥組織の行はれたるは武門の時代に在りと謂ふべし、大化の革新に依りて氏姓即ち身分と官職とは二途に分れ職號即カバネなる古義は亡びて、カバネはウヂと連ね、例へば藤原朝臣大伴宿禰等の如く呼びて、家の尊卑を分つの外には何等の用なき者となりたり。此時に於ては地位の尊卑は、カバネの貴賤に依りて定まるの舊制は廢れたるも、藤原氏橘氏等新たに權勢を獲たる

庶民の地位

氏族が、其の地位を世傳し親族的階級に依りて尊卑を分つこと、宛も舊制の時代と異ならざる者あり。然れども地位を保つは姓氏の因緣を以てせず、專ら同族の門地實力に依る者なれば、氏族階級制に屬せずして門閥階級制に屬すべきや勿論なり。而して大化の新制に依り土地及び庶民を私有するの舊制は廢せられて、封戶功田の賜與となりたれども、幾くもなくして田園の私有叨に行はれ、賦稅を逋脫するの土地亦所在に滿つるに至る。而して田園に附屬する庶民の地位はカバ子制の下に於ける部曲の民の地位と外形略ぼ相似て其の實況は漸次相背馳し、庶民は階級者の無視する所となれり。

藤原氏の勢力を失ひたる平安朝の末に於ては豪族各地に實力を樹て、莊園全國に遍ねく、朝廷より命せられし國司の管轄する國領は、極めて僅少の者となりたり。莊園は不入不輸の地にして、朝廷の權力此地に入らず、住民は領主に對して貢納するも租稅課役を朝廷に輸さず、土地と人民とは全く領主の私有物たり。後世封建時代の庶民の狀態之と相同じ。此の狀態の下に武門時代に移りしが、同時代の政治上の形勢は激變し、政治機關の成分、全く攝關時代と異なるに至りしも、而も政治機關の組織は依然として門閥階級に依りて保たれ、庶民は最下級の政治機關に隷屬して政治上全く度外に置かるゝこと前時代に同じ。

同時代に於ける政治上の地位は、血統の尊卑に依りて定まるに非ずと雖も、尙重きを血統に置きたるは勿論にして、遙に後世なる德川氏に至りても尙源氏長者を標榜したりしことを見て如何に家格の貴ばれたるかを察するに足らん。當時中央の要職となり、又は國守郡主たるは、主として自個の材幹技能に依りて其の地位を獲たるものにして、必しも氏族の大小尊卑に因らずと雖も、而も其の地位を爭ふことを得る資格ある者は必ず諸氏族の末流たる者に限り、庶民は之を爭ふべき資格だに有せざるを元則とす。故に氏族の詳ならざる者が或地位を獲るに方りては、必ず系譜を作成して或は藤氏の子孫なりと稱し、或は源家の後胤なりと號す。又其の源流の卑き者は勉めて名門巨族の出自たるを衒ひて系圖を訂正したることと人の知る所なり。是れ門地の實力に依りて造らるるに拘らず、尙ほ其の威名を保つは必ず門地と血統と相伴ふことを要するが爲にして、畢竟姓氏を重んずる古來の觀念に支配せらるゝものなり。

門閥階級制

此の如くして此時代の政治的階級は、上代に於けるが如く同血同根より岐れたる本支の階級に非ざれども、尊卑の幾階段あるは前後相同じ。故に前者を氏族階級時代と名づけ、後者を門閥階級時代と名づく。而して門閥階級制の中、攝關時代と武門時代とは自ら區別あり。左圖は此の時代の階級を示す。

(二)門閥階級制

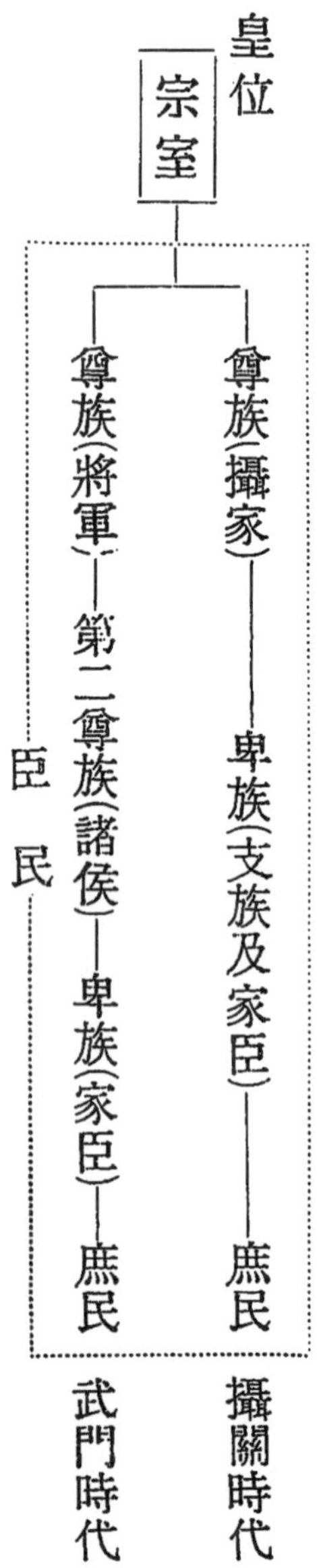

叙上の如く、攝家時代と武家時代とは大に政治機關の組織を異にすと雖も、社會的並に政治的に階級を形成したるは相同じ。而して庶民を水平線以下に置きて政治上の權利を與へず、殆ど其人格をも無視したるは前後を通じて同一なり。

階級組織に對つて、斧鉞を下したる大化の革新は不幸にして全功を收むることは能はざりき。蓋此の革新は大氏族の專横壟斷を矯正するにありて、庶民の地位を高むるを直接の目的としたる

階級制度の打破

者にあらず。事實當時の情形は氏族の階級的勢力强固にして、諸氏族ご庶民ごを同等の地に置くを許さざるのみならず、時運尙未熟にして庶民自身も亦公權を行使するに堪へざりしなり。然れども此新政によりて庶民が公權を有するの主義初めて法制の上に現はれ、且實際其の枉屈を伸へたるの功少しごせず。若新政の趣旨をして首尾よく遂行せしめたらんには、一步又一步を進め庶民の地位漸次高まり來りしやも未だ知るべからずご雖も、新政の結末や則ち彼の如し。斯くて庶民は政治上の地步を占むるに至らずして氏族階級の時代より門閥階級の時代に入り、爾來封建制度瓦解期に至るまでの長き年代間、名門巨族の脚底に踏み蹂ぢられたるは是非もなし。

庶民枉屈の年代は甚だ久しかりしも千歲の一時は竟に到來せり。明治の新政ごなりて階級制度は根柢より打破せられ、庶民は公私の權能を承認せられ始めて公民たるの實を收め、億兆一視同仁の惠澤に浴するを得たり。

新制度の下には階級なし、之あるは唯天皇と臣民との二階のみ、君と臣との二級のみ。左の如し。

(三)明治の新制度

(政治上の區別)

- 元首　天皇
  - 臣民
    - 文武官
    - 公吏公職
    - 一般人民

(社會上の區別)

- 君　皇室
  - 臣
    - 華族
    - 士族
    - 平民

即ち古にありては、行政權(統治權は固より天皇に在り)を握る者、攝家たり武門たり將た直參たり陪臣たるを問はず、全時代を通じて階級制度たり。明治の新制に至りて、萬民同等の大法始めて行はる是れ絶て前例無きの大變革なり。古來我政變を論する者、徒らに政權轉移の迹を逐ひて之を說く、歷史上より之を觀れば、氏族の盛衰閥閱の浮沈は、著大なる事件に相違なけれども、歷史に見へざる事實、即ち國民全體の禍福榮辱等の上より觀察すれば、史上の記事は格別に大なる價値ある者に非ず。即ち政柄を握る者が甲氏たり乙氏たるは、所屬の一族郎黨等には大なる關係あるべきも、國民の最大多數を占むる庶民に取りては、勢力の轉移は空ふく風の西より東に變るに異ならず。故に現今の世に於て史上に遡りて政變を論ずるときは、庶民を目安として觀察するを要す此の觀察に由るときは階級制の存在時期を一大段こし、階級制の打破せられたる時期を以て大段落を畫定すべし。明治の新政は、言ふまでもなく古今未曾有の大政變にして、此の政變に比すれば史上の政權轉移の如きは、大海上の小波瀾に過ぎざるのみ。

藤氏專權の事情

先づ藤原氏が政權を壟斷したる次第を觀るに、手段の巧妙にして謀圖の陰險なる、驚嘆すべく震慄すべし。然れども其の初に於て誰か藤原氏に此の陰謀あるを思はんや。否藤原氏自身も亦陰謀を抱きて之を企てたるに非ず、權力自ら一門に集まり、知らす識らす僣驕を極むるに至りしなり。

鎌足中興の大業を翼贊して家勢遽に揚り、子孫相襲きて顯榮を極む。時正に物部氏既に勢力を失ひ蘇我氏は滅亡に歸したるの後にして、大伴氏橘氏佐伯氏多治比氏等の鉅族舊家は、藤原氏こ勢力を爭ひて前後失敗し、奈良朝の末、平安朝の初に至りては、復之こ角逐するに堪ふる者なく、伴健岑橘逸勢の失敗を以て、大伴橘二氏の運命に止めを刺し、國初以來繁榮したる諸氏族悉く勢力を失墜して、中臣氏の一系獨り榮ふ。

藤原氏は政權に親しむの手段こして、其女を薦めて皇妃皇后こなし、其の御腹に出でまし〻幼年の皇子を皇位に進めまいらせ、已れは攝關の位に居りて政治上の實權を握りたり。此間太子皇子等の藤原氏の爲に陷擠せられて其の地位を失ひ、又は非業の最後を遂けたる者擧げて數ふべからず。斯くて上は自家こ姻戚の關係なき皇族を陷いれ、下は權力競爭者たる諸氏族を覆し〻が、其の賴る所は一に外戚の緣故に在り。

藤原氏の入內は不比等の女宮子夫人に起る鎌足は中興の元勳たり、不比等は其子にして、忠誠父に遜らず、輔導の功勞極めて著し。文武天皇の其女を撰み給へるは名家の淑女を採り、不比等の之を薦むるは天眷に報ひ奉るに在りて、毫も他意なかりしなるべし。然れども地位は望みを生じ、勢は止まる所を知らず。時恰も女帝二世相繼ぎ外戚の勢力益々加はり、藤氏の外孫たる聖武天皇の御代に至りては、藤原氏の權勢既に拔くべからざるを致す。是れ藤原氏は政權を私するの心を以て其女を薦めすと雖も、結果は即ち初めより私心を擁ける者と異ならず。蓋、名を假りて實を奪ふ者あり、庇を借りて母屋を横領する者あり。要するに過失は其の端を啓くに在り。故に其の實の假すべからざるや、其の名も、斷して假すへからず、其の全部の與ふべからざるや一部分と雖も、斷じて之を與ふべからざるなり。

武人專權の事情

賴朝以來武門か政權を握りたるは一に武力に依る。固より藤原氏か外戚の緣故を以てしたる者と同からさるも、其の朝權を傷くる事實は即ち一なり。

兵馬の權固より天皇に在り。親政の時代に於ては天皇親ら三軍を率ゐ、敢て之を臣下に假すことなし。攝關の時代に於ても、武將は必ず天皇の命令を奉じ、出でゝ不逞の徒を討伐したり。然るに藤原氏が榮華の夢を中央に貪る中に地方豪族の勢力、漸次に抑制すべからざるに至り、京都の命令殆ど國郡に行はれざるを致す。就中源平二氏の勢力最も强大にして、朝廷及び藤原氏は啻に之を制馭する能はざるのみならず、匪徒を膺懲するが爲に、二氏の武力を借らざるを得ざるに至り、遂に武人跋扈の時代を現出せしむ。是れ藤原氏が天子を挾みて虛威を中央に弄し、地方の行政及び武事を賤みて之を他人に假し、年を累ね世を代へて遂に羽翼を作さしめたる者にして、源平二氏をして最も强大なる武力を養ふことを得せしめたる結果は、行政の大權をも擧げて其の手に委せざるを得ざるに至れるなり。其の罪固より藤原氏に在りて朝廷に在らず。然れども先づ政權を假るものは藤原氏なり、藤原氏をして朝廷の權力を假るの端を開かせ給ひしは、恐れなから朝廷の大なる御過失と申し奉らざるべからず。政權現に藤原氏の手に在り、故に平氏源氏等は藤原氏の手より奪ひたる政權を朝廷に還し奉らんとはせずして自ら之を壟斷す。謂へらく朝廷の政權を侵し奉るにあらずして、藤原氏の權力に代るのみと。是れ實に武人自ら逞ふすべき恰好の辭柄なり。初め藤原氏攝關の時代に方り歷朝の天皇其の專橫を憤り、宇多天皇之を寬平に恢復せんとして成らず、後三條天皇之を延久に抑制せんとして遂げ給はざりき、況んや再轉して武門の手に歸し武人兵馬の實力を有して之を橫領するの時代に於てをや。後鳥羽上皇承久の憤を發して前に敗れ、後醍醐天皇元弘の勇を揮ひて後に成らず。素より勢の然らしむる所なるのみ。其の後復、策の施すべきなく垂拱成を仰ぎ、武人の跋扈跳梁に一任して匡濟の志を擁く者なし、以て德川時代に逮べり。名器を人に假して其の回收し難きや寔に此の如し。

上述の藤原氏及び武門の專橫は、今日の所謂行政權を壟斷する者ご同じからざるは明白なり。然るに統治の大權は上に在りて終始渝らざれば、彼等が統治權を侵犯したるに非ること亦論するまでもなし。然るに攝關時代及び武門時代の實況は、或る場合に於ては、殆ご今日國法學者の所謂統治權(予輩の所謂統治權に非ず)を握るものご相距るの遠からざりしは掩ふべからず。此時固より金甌無缺の國體を傷くるに至らざりしご雖も、一歩を轉すれば其の禍殆ご測るべからず、殆い哉岌々乎たり。

將來の禍源

上述の如く朝權の下に移りたるは、第一次は外戚の緣故に因り、第二次は武力に因れり。是れ我が史上に現れたる事實なり。然れごも大凡政權の遷移は此の二原因に限らるゝに非ずして、尙幾多の原因あるは、各國古今の事實之を證す。將來に於て歷史上の記事と同一の事實を繰り返すべしとは信ぜられざるも、他の原因に依りて同一の結果を齎らすの憂慮は則ち存在す。其の原因の何者たるを問はず政權を遷移せしむるの事、實に國家の憂患なり。既往は逐ふべからず、來者は警むべし。苟も政權遷移の原因をなすべき者あらば、根本を斷ち源流を塞ぎ、以て禍難を未發に防止せざるべからざるなり。

第六章　帝國憲法の精神

皇室は天縱にして日本國民の宗家たり、天皇は惟神にして帝國臣民の君主たり、天位は之を天祖に承け皇祖皇宗相紹ぎ之を無終無窮に皇子皇孫に傳へ給ふ。故に天皇は帝國の根軸國民の中樞にして、天皇の臨御は此の地位及び資格を以て斯の國土を愛重し斯の國民を愛護し給ふに在り。是れ我が立國の大本、統治の原理たり。前諸章之を說明して大要を盡せりと信ず。帝國憲法は畢竟此の根本大法を明文の上に顯はされし者に外ならず。故に斯の根本大法と矛盾するの義は斷じて典憲の條章に含む所にあらざるなり。

憲法に曰く、帝國は萬世一系の天皇之を統治す、曰く、皇位は皇男子孫之を繼承す、曰く天皇は神聖にして侵すべからず、曰く、天皇

欽定の憲法

は國の元首にして統治權を總攬し此の憲法の條規に依り、之を行ふこ。是れ皆祖宗臨御の實蹟を文章の上に表明せられし者にして、此の明文ありて然る後に彼の事實あるにあらず、焉んぞ憲法の前後に由りて天皇の天が下治ろしめすの大義に異同あらんや「此れ皆皇祖皇宗の後裔に貽したまへる統治の洪範を紹述するに外ならず」こ宣ふ所以の者此に在り。即ち大憲示す所の義の、明治の時に逮びて統治の新例を開かせ給へるに非ざるここは、此の大御言に依りて昭昭たり。

大典の條章は咸く陛下の宸衷に出づ、固より衆論民議を徴して之を制定せられたる者にあらず。蓋國家統治の大權は天皇に在るを以て、國家統治の大法を記述するに就きては、何者も言議を挾むを得ず、又他の意見を參酌するの必要は全く之あらざるなり。

惟ふに欽定憲法の名は外國にも亦是あり、佛國路易十八世千八百十四年の憲法、普魯西の憲法墺地利の憲法の如きは即ち其の實例なり。然れども此等の憲法は國民の迫る所となり、或は國民の促す所となりて制定したる者にして、欽定の名あるも、實は他の民定憲法制定の場合と相距ること遠からず。固より我憲法欽定と同日の談にあらざるは、人の知る所なり。

帝國憲法は欽定なれども、將來之を改定する場合には、議院の意思を參酌せらるべし、即ち憲法發布の詔勅並に憲法正條に於て將來此憲法の或る條章を改定するの必要なる時宜を見るに至らば天皇獨り發議の權を執りて之を議會に附議し、兩議院は議員の三分の二以上出席し、三分の二以上の多數に依りて之を議決することに定められしものの是れなり。畢竟國民の意嚮如何を聽取し、曇りなき大御心の明鏡に照して裁斷し給はんが爲めに外ならず。

祖宗統治の洪範

昔時我國に憲法なし、明治の世に逮びて之を制定せられたるは、何故なるか。言ふまでもなく『世局の進運に膺り人文の發達に隨ひて』祖宗の遺訓を明徵にし之を典憲條章に顯はされたるのみ。即ち祖宗傳來の「統治の洪範を紹述」し給へるなり。蓋社會の文物、國家の制度は常に時運に順應して推移す、時運の變化大なれば制度文物の變化亦自ら大ならざるを得ざるなり。顧るに我國は東海に隔絕して。上代より特有の文明を島國に創成したりしが、同時に朝鮮半島の中介によりて支那文明の影響を受けたるも、其の及ぼす所は間接の効果に過ぎざりき。然るに推古天皇以來隋及び唐と直接の國交を開くに及び、支那の文物制度は滔々として本朝に流入し、我社會狀態及び國家制度に一大變動を與へたること、恰も開港によりて西洋の文明を本朝に流入し、其の結果東洋特有の文明の上に西國異種の文明を交へ我文物百度に一大更新を加へたるが如し。故に大化の革新が支那の影響に出でたるが如く、明治の革新は西國の影響に出て大化の新制は唐制を摸範こしたるこ同じく、明治の新制は西國の制度を摸範こせり。是れ時世の推移氣運の變遷に由りて起る所の必然の結果にして、此の如く時運に順應して遷移するここに依りて國運の隆昌始めて期待すべきなり。されば唐朝こ交通の事なくんば大化の改新なかるべく、西國こ交通せざれば恐らくは憲法政治は行はれざりしならむ。然らは我が憲法政治は全く西洋文明の恩賚にして本朝固有の制度こ沒交渉なりやこ謂ふに、唯其の形式の本朝に存せざりしのみ、憲法政治の精神骨髓は本朝固有傳來の者にして外來移入の者に非ざるなり。

今之を說明するに先ちて、一言の加ふべき者あり、他なし、輸入外來の制度は、必ず國性國情に適合し傳來系統の事物と一致融和し得べき者なるを要することなり。大化の新制度は入るるに急にして撰むに麁なりき。蓋大化改新はカバ子制既に重大なる弊害を生じ歴世の大氏族が專恣横暴に流れたる積弊を除くの急務に迫られしに因るも、亦唐制模倣のハイカラ的思想に煽られたるの嫌なきにあらず。斯くて我が舊法古俗は玉石倂せ毀ち彼の新法異制は長短倂せ用ゐられたり。されば大化改新の重大事業たる班田收授の法は土地私有の實況と相合はざるを以て、殆ど實際に行はれず、門閥を打破して人材を採用するの法は其趣旨の極めて善美なるに拘らず、門地階級を貴ぶの實況と相容れざるを以て、是れ亦殆ど徒法に歸したり。旣に僭驕なる大氏族を除き得たるも、尋で藤原氏專横時代を馴致し從來は數個の大氏族が各々勢力を張りたるに反して、藤原氏は政權を一族の手に

大化改新と明治新制

握りしのみならず、社會上の要地も亦其一族を以て之を壟斷したり。此の如き形勢となりしには、種々の事情ありしと雖も、最も重なる原因は大化改新の政策に遺漏ありしに歸せざるを得ず。大化の新制は唐制の模倣に過ぎたり、隨つて其一部は行はれたるも一部は行はれず、新制度に依りて舊時の弊害を除きたるの功あると同時に、新たに弊端を啓きたるの失も亦是れあり。明治の新制が西國の影響を蒙れること猶ほ往昔唐朝の影響を受けたるが如く、其の輸入せる新規の文物も亦西國の模倣に過ぐる者あるは掩ふべからず。然るに明治の中世に制定せられ帝國無二の寶典たる憲法に至りては、其の形式は西國の例に倣ひたりと雖も、其の實質は西國より輸入することなく、大憲の精神は儼として固有傳來の洪範に出でたり。是れ最も注意すべきの要點たり。大化明治の兩改新は、事情酷だ相似たり、然れども實質は全く相同じからざるなり。前者が實功を收むる能はざりしに反して、後者有終の美を濟すべき素因を具ふる所のもの此に在り。憲法の條章は新設創作の義を表はす者に非ずして、皇宗の洪範を紹述せられしに過きず。寶祚の無窮、統治權の圓滿は本朝固有の國體にして萬法之より生し萬機之によりて動く。其の理は第四章本朝特有の國體の條下に於て之を盡せり。若夫れ條章に就きて略言すれば。官制の制定、陸海軍の統率を治め和戰外交榮典等總て皆古より天皇の大權に屬し、國民の壯丁が兵事に從ひ及び租稅を納め課役に服したるは亦國初以來の大法にして、憲法を待つて後に生したるの新義にあらず、又民人の生命財產言論信教等を或は保護し或は保障するは列聖の最も心を用ひ給ひし所にして其治績は歷史に詳なり。固より新典を待て加へらるゝの保護と保障とに非ざるなり。然るに憲法に依りて新に加へられたる一事あり、他なし、國民の投票に依りて議員を選み、之をして協贊の任を盡さしむる事是なり。

議員選擧の一事は本朝に於ては全く新設創作に屬す。啻に本朝に先例の存せざるのみならず、東洋に於て全く未曾有の制度たり。然れども選擧は適任者を擇むの手段にして、議員の協贊を求むるは、國民の意嚮を觀んとするの冀望に出づ。即ち選擧は政治上の一方法なり、政治の目的にあらず。政治の目的は何如にして國を泰くし民を昌にせんかに在り、此目的を遂成する爲に國民の意思を知るは極て必要の事なり。國民の意思を知らんとする方法を求めて偶、議員選擧の策を得たるなり。如何にして國民の意思を知り冀望に副はんかは、君主の恆に心を勞する所なり。唯之を知るべき適良の方法か東洋に存在せさりしを以て、之を西國より採用したるのみ。苟も善制良法あらは、其の創作地の何れたるを問はず、之を採擇し之を應用するに於て何の顧慮する所かあらん。否な外界の事物を身内に取り入れ、能く之を消化し之を同化することに由りて生物は健全を有ち蕃殖を遂げ邦國は進歩し繁榮す。外國に同化せられずして、外國の人を同化し、外國の制度文物を同化するは、日本國民の特長なり。大化の時一旦唐制模倣に過ぎたるも、數十年の後復古歸原して固有の精神を失ふことなく、短を舍てゝ長を取り文物制度の上に著しき効果を贏ち得たり。明治に於ける西制の採擇亦恰も之と相似たり。世間或は投票制度の起原を本朝の舊史に索め、其の源流を自國に置かんとする者なきにあらず、畢竟無用の詮索なり。衆議の會、多數の決は本朝の史籍亦其の跡の尋ぬべき者なきにあらずと雖も。凡そ疑問に臨みて衆評に待つは人情の常なり、史上の事跡は則ち是れのみ。而して國政を民衆に議るの根本義は東洋に存在せざる所なり。大凡そ國家政務の事、下(人民)より發動して上(爲政者)を動かすは、西國に於て見る所の事實なり、東洋にては意見を徴するの必要あらば、必す上よりして下に索む、下よりして上を制するに非ず。是れ民主思想こ君主思想この異同より生ずる自然の結果にして、民權の發達せる邦國に於て選擧制度の發達する所以なり。此の制度の起原か東洋に存在するこ否こは固より顧みるに足らず然れごも選擧制度は民權の權化にして此の制度の採用は民主主義の應用なりこ謂はば、是は絶大なる誤解なり。制度は方法なり形式なり。目的は如何なるか是れ國民の意思なるやを見るに在り。議員を選擧するの事は國民の意思の存する所を明にするの方法なり。斯くして國民の意思を參酌し、國家最良の政治を行ふは、統治者の究意目的なり。

政治の極致は獨裁に在るか立憲に在るかは、自ら一個の疑問な

議院制は階級制と兩立せず

り。然れども時代の大勢は今や絶對の獨裁制を容れず、相率ゐて議院制度を要求す。而して民意を觀るの方法は現今の人智に於ては選擧せられたる議員に聽くの外、未だ是れよりも善良なる方法を發見する能はざれば、止むを得ず選擧制を採用し、以て時勢の進歩を待たざるを得ず。但だ現行選擧法の上に於ける幾多の缺陷は固より改訂修補せざるべからざるなり。此の如くして明治の新政に至りて、政治上に民意を參酌するの方法始めて生じ、議院の新設あり。是れ固より西制に則るの制度なり。然れども之を應用するを得たるは、一に時勢の進運に歸せざるを得ず。

政治機關の組織が氏族階級又は門閥階級なりし時代に於ては、上級人と下級人とは血統並に門地に依りて勢力威權を異にし、固より彼此對抗匹敵する能はず。此時代に於て國政贊襄の任に當る者の、小數上級の者に限れるは、固有の權勢の差異より生ずる特色なり。此時代に於ては啻に一般庶民が政治上に無權能なるのみならず、氏族卑しく門地低き階級に在る者は、纔に刀筆の雜務に從ひ奔走の斷役に服するのみにして、假令才能識見ある者と雖も、政務に參與するの機會を有せず。故に若階級組織の鞏固堅實にして庶民の智識未だ進まざる時代に於て西國と交通を開きたりとせば、假令其の制度を採りて我國に應用せんとするも之を應用する能はざるや明かなり。蓋議院の制度は階級組織と兩立すべからず、階級制度を破壞するに非ざれば此制度を實行する能はざればなり。

明治の新政を未曾有の改革と稱するは、實に千數百年來の階級組織を打破し國民をして悉く天皇の直隸たらしめたるに存す。幕政滅びて帝政に復したるの一事を以てしては未曾有の改革こは稱すべからず。執權政治を廢して帝政に復したる事は建武の昔にも之あり。然れども假に建武の大業をして終あらしむるも、以て之を明治の改新と比較すべからず。是れ前者は政治機關の組織の變動たるに止まりて國民全體の上には何等の異動なければなり。而して階級組織打破の大業の明治の首めに於て首尾克く實行せられたるは、門閥家の腐敗、一般國民の進歩及び外國交通等の諸原因偶、相一致したるに因る。往昔大化の革新は、庶民の公權を認むるの主義を立てたれども、時運尚未熟にして人智晦朦に屬し、折角の新制度も只主義として存立したるに止まり、竟に實地の効力を現はすこと能はざりしなり。然るに此主義の明治年代に至りて始めて實行せらるるを得たるは偏に「世局の進運」と「人文の發達」とに依らずんばあらざるなり。

上古骨《カバチ》制の時代に於ては諸姓氏皆其職を世々にし、大氏小氏の序位秩然として紊れず、氏族の系統に從ひ遞次に之を統率したれども、由來草創の運、簡朴の俗にして、社會事務と國家事務との區別未だ明かならず、固より公權私權の區別あるなし。唯姓氏の尊き者が上階に位して支族末流を司配し、其の地位は必ず其の身分に應じ以て互に相侵すこと能はざりしなり。然れども天皇の下民を視るや萬民子育の義にありて奴僕役使の意にあらざるを以て、最下級なる庶民に對しても亦大御寶として之を綏撫し給へり、只其の司配は階級の順序に依るか故に、最下級に在る庶民は更に彼等が司配を加ふへき他の者を其の下に有せざりしのみ。之を今世に於ける公民と比較し、上世庶民の政治上無權能なりし故を以て、奴僕の境遇に在りと思惟するは、時代の情勢に通せざるの謬見なり。

然るに中世に至りてはカバネ制の廢れたる代りに門閥階級を

生じ、上級者と庶民との關係は復た上世の如くならず。此の時代に於ては、庶民は領地の附屬物たり領主の奴僕たるの境地に陷り、朝廷の恩澤は一部階級者に遮斷せられて、殆と全く一般の民草に及ふことなし。當時の庶民の地位の上代の庶民の地位と大に趣を異にするは一目瞭然たり。明治の新政は庶民の地位を、領地の附屬物たり領主の奴僕たるの境遇より救ひ、之が人格を認め之に公權を與へたり。而して憲法は國民の地位が確然として動かず牢乎として移らざることを保證する者なり。

中外憲法の差異

西國憲法は君權制限の目的を以て起り、君民衝突の歷史と共に發達す。故に若君主と人民との利害が調和し一致する時は憲法は發生するを得ざる筈なり。然るに日本帝國に於ては君民國體にして上下一致す、憲法の必要は之を認むるに由なし、而して其の欽定ある所以のものは何ぞ。

君民同體の大義を保つは憲法の精神なり

帝國憲法に君權制限の目的なし、其の目的は全然西國憲法と異なれり。君臣同體の大義を毀ることを豫防し君民利害の一致を傷ふことを禁絶するもの、即ち帝國憲法の精神なり。君と民との關係だに圓滿に保たれなば、國家昌平にして御代萬歳なり、其の關係阻礙せらるゝに於て國亂れ民泰からず。憲法は或る權勢が中間に介在して君民の和同を破壞するを防くの寶典たり。西國憲法に對するの觀念を以て帝國憲法を解釋すべからざるは實に之が爲なり。憲法以前に於て幾多の權力者に蹂躙せられたる億兆臣民は、憲法以後は天皇直隷の愛子として何等の權勢威力にも迫害せらるゝことなかるべし。憲法の期待する所此に外ならず。而して克く此の目的に合ふの道は、一に大憲の精神を明にして其の運用を愆らざるに在り。

第七章　議會の任務

憲法上の異義

國體の淵源を探り憲法の精神を審にすれば、議會の本分は解説を須ずして自ら分明に、憲法第五條に掲ぐる「天皇は帝國議會の協贊を以て立法權を行ふ」と謂ふの旨義、鮮明澄徹にして秋毫の疑點を留めず。然れども人各、入る所を異にし處る所を同ふせず先入の制する所となり境遇の誘ふ所となりて、區々の意見を立つるは、人情の免れ難き所ならん。彰明較著一點の疑惑を容れざるの明文に對し、世上往々異義を挾む者あるは憾むべきなり。帝國憲法上帝國議會の地位權能に就きては由來重大なる異義を加へらる。他なし、一部の學者及び論客が議會を以て天皇の統治權を制限するの機關なりと爲すこと是れなり。予輩は前章に於て憲法の正條に照し立憲の精神に質し、議會の決して統治權を制限する者に非ざるを斷定したり。今や本章に於て詳に之を論究せんとす。

議會を制限機關なりとする說は、天皇の意思と議會の意見と相調節して國家の意思(統治權)を構成すと謂ふ思想の上に成立す。即ち議會制限機關說と天皇機關說とは同根より出でゝ、自ら相離るべからず。甲說成立し得べくんば乙說亦成立し、甲說にして誤謬に出づれば乙說亦誤謬なり。此の思想の下に、說者は「議會の協贊を以て立法權を行ふ」は、天皇の獨裁權に對つて憲法上加へられたる制限なりと觀ずるなり。此の觀念に於て說者は曰く、「帝國議會は天皇の國權の發動を制限する力を有す」と、又曰く「議會は天皇と共に立法の機關なり、議會の參與なくんば天皇は有効の國家意思を發表するを得ず」と。何ぞ其の言辭の不遜にして論旨の非違なるや。此の如き論說は國民が天皇の權力に對抗すべき權力を固有する場合に於て始めて行はるべき者にして、民主國ならでは成立すべからざる法理なり。我國は民主國に非ず、日本國民は天皇に對抗すべき權力を固有せず。我が「議會は天皇の國權の發動を制限する者」に非ずして、却て國權の發動に依りて議法權を與へられたる者なり「天皇は議會の參與によりて始めて有效の國家意思を發表する者」に非ずして、却て議會は憲法により、國家意思を發表するの手續きに參加するの資格を與へられたる者なり。天皇は議會の協賛なしには立法權を行はせ給ふことなけれども、協賛せしめらるゝ事の有無は統治權の絶對なることに關せず。例へば法令詔勅は大臣の副署なくして公布せらるゝことなしと雖も、大臣の副署する事は毫も天皇の權力を制限する者に非ざると其の理相同じ。之をして閭巷政客の誤想に止まらしめば、尚恕すべし、憲法學者と呼ばるゝ輩にして此の言あるは驚くべきの至りなり。惟ふに說者亦斯程の理に惑ふ者にあらじ、只憲法に國境あるを忘れ、外國憲法上の法理を取りて帝國憲法の上に適用し、以て此の違悖を致せるなり。其の狂や惡むべしと雖も、其の愚や寧ろ憫むべし。獨り江湖に流傳する害毒の、深く且大なる者あるを奈如せむ。

議會が立法に參與するの事は、通常之を參政權と謂ふ。然れども憲法が議會をして立法に協賛せしむる所以は、統治の大業を十全圓滿ならしむるの一方法として、元首より國民に課する一個の任務に外ならず。例之ば國は國防の必要あり、其の必要を滿たすが爲に兵役を國民に課するが如し。參政と軍務と其事異なりと雖も其旨相同じ。唯議政の事は人情の好む所にして、兵役は衆人の寧ろ忌避する所たるを以て議政の場合には之を權利と呼び、兵役の場合には之を義務と唱ふるの差あるのみ。兩者共に國家が其の目的を遂ぐる爲に國民に課する者として觀察すれば、孰れか國民が國家に負ふ所の義務にあらざらんや。遮莫言語の異同は必しも論ずるに足らず、參政事項を權利と觀じて義務と觀ぜざる亦可なり。然らば此參政權は如何にして憲法上に成立したる乎。

國民參政の原理

立法の事は、元首の總攬する所の統治權行動の一部分なり。元首は統治の大業を圓滿に遂成するを以て窮竟目的となす。國民の意思を徵するは、即ち此の目的を達するの一方法にして、國民の意思を徵する者は元首に外ならず、而して、民意を徵する事の憲法上に著はされたる者即ち所謂參政權なり。故に國民の意思を徵するは元首の冀望にして、其の意思を議會に發表するを允可する者亦元首なり。此間に於て元首の權力は毫も外物の制限拘束を受くることなし。抑權力の制限は自由意思を枉げて他人の意志に從ふ時に起る今元首は自己の意思に基づき、國民に命じて意思を表明せしむるが故に、國民が其の意思を表明するの事實は、即ち元首の命令の實行せられたるなり。之に對して元首は道德的には滿足の感ありて毫も抑損拘束を感ぜず、法律的には絕て權力を制限せらるゝことなきなり。然れども權力の行使に積極消極の兩樣あり。茲に戰敗國の君主が不利益なる講和條約に調印する場合に就いて之を例せんか。此時戰敗國君主は尙調印不調印の兩者孰れなりとも擇むべき自由を有し、其の自由意思に依りて不利益なる條約に調印する者なれば、意思の自由と權力の無制限とは抑損せらるゝことなし。然るに調印の行爲は自由なりと雖も、調印の動機は制限なり、即ち自己の意思を行ふにあらずして不本意ながら他人の意思に屈從するなり。之を消極的と云ふ。外國に於ける憲法は、降伏條約の如く、消極的に制定せられたる場合多し。之に反して我國の憲法は積極的に出づ。元首は進みて民人の發言を求め、忻びて意見を聽く。但其の表明せられなる意見が國家に資益あらば(即ち元首の意思と一致する時)は之を採擇し、否れば之を採擇せざるのみ。事一に元首の自由意思に存す、此間何の制限拘束あらんや。議會が元首の大權を制限するの機關に非ざるの理此に在り。而して此理は統治權の本體が至善なるに依りて保たれ、又至善なるに依りて行はる。覇王の政治は必しも國民全體の利害休戚と一致せず。故に君主の權力に制限拘束を加へずんば、國利民福を全くするを得ざる場合多きに居る。此事情の上に發達したるは外國の憲章なり。其の議會は君權の制限を目的とし、又實に制限の實を行ふ、之を制限機關と謂ふは適切なり。憲法と云ひ議會と云ひ、彼我用語相同くして、實體は雲泥の差あり。

議會の議員は任命に依らずして公選に依る。說者乃ち任免の不隨意なる公選の法を取れるを見て、元首の權力に一種の制限を加ふる者となす。是れ皮相の見なり。議員が公選にして勅任にあらざる事は、素より天皇の大權に何等の增損をなさず。其の大權を損せざるの理は、議員公選の其事即ち天皇より與へられたる憲法上の權限なりと云ふの一辭を以て之を盡すを得べし。然れども論者或は此の說明に滿足せず、措辭を茫漠にし意義を曖昧に附すとなすの恐なきに非ず。更に之を解說するの要あり。

官職の授任は大權の發動なりと雖も、官吏の中には天皇の親任に依る者あり、奏請して任命せらるゝ者あり、奏請の手續にも及ばずして所屬長官の任命に委する者あり。事實天皇の親任は極めて少數の人に止まり、奏請を經ざるの任命は幾萬の大多數に居る。而も此の如くなるを以て、何人も文武官任免の大權に制限ありとは謂はざるべし。元來下級官吏の任免が所屬長官に一任せらるゝは、其の關與する所の事務の些細にして天聽を煩はすに足らざるの理由に因るには非ず、幾萬擾々の官人が天顏に咫尺し、又は天聽に入るが如き機會の存せざるが爲に、之を所屬長官の詮衡に一任せらるゝなり。全國の廣くして民衆の多きや、卓拔雋異の才果して那地に伏在するや、素より得て知るべきにあらず。然るに各地所在の才器を識るは各地方人に若かず、是れ其の地方人をして之を撰擇せしむる所以なり。故に投票の原理は、選擧人をして議員詮衡の任に當らしむるに在り。而して議員其人を定むるは、選擧を必然とするに非す、若他に適當の方法あらば、公選の制を廢め代ゆるに新法を以てすべし。唯現今の世、未だ投票より以上の良法を發見する能はざるのみ。

又立法事項の重大を以てして、議員詮衡を選擧人に一任するは二つの理由に基づく。其一は議員の任務は一般國民の意思を代表するに在り、國民の意思を代表するの人を詮衡する最適任者は即ち國民自身に外ならざるか故なり。他の一は衆望の歸する所は概して適當の才器たるに庶幾きが故なり。

議員は國民の意思を代表す、國民の權利を代表するに非ず。國民は憲法に於りて意思を議會に發表すべき權限を與へらるご雖も臣民固有の權利を用ゐて國事を議會に決定するに非ず。又臣民固有の權利を主張して元首の權力ご相抗爭するにも非ず。故に國法上議會を指して代表機關ご稱するを得ざるも、既に意思を代表するの權限を與へらるゝを以て、政治的の意味を以て、代表機關ご謂ふは敢て妨ぐる所にあらず。俗に議員を代議士ご呼ぶは法理に於ては當らざれごも、便宜上之を代議士ご稱するは必しも不可なきなり。

國民の意思

國民全體の意思なる者は、事實上存在せず。然れども國民の多數が見て以て是とする所あり、非とする所あり、利とする者あり、害とする者あり、多數の嚮ふ所を見て、假に之を國民の意思と見做すを得。既に屢、說く如く、元首の目的は常に善を行ふに在り、故に元首の意思即ち統治權は家國民人の利害と相容れざるが如きの發動をなすことなし。然れども輔弼の大臣も亦倖しく人なり、奬順賛襄の道決して遺漏なしと謂ふべからず、玆に於てか人君たる者は弘く人言に聽くの要あり。古來の明君賢主が、言路を開き下意を上達せしむるに心を用ゆるの趣旨此に外ならず。此の必要に基づき、民意の在る處を知らんと欲して之を議會に諮る、議會の意見は即ち國民の意思なりと見做さるゝなり。是れ故に議會の立法協賛の職分は、議案を議決すること、言ひ換ゆれば國民の意思を表現することに依りて盡さるゝなり。之を採ると否

議院の意思

とは一に元首の裁斷に在り、議會は採納を要求するを得ず。然るに若議院をして固有の權利に因りて意見を立法上に立つる者ならしめば、元首は議院の議決に對して絶對許否をなすを得ず、不可なりと認むる議決に對しても、枉げて之に聽從するの場合なかるべからず。唯議院に固有の權利なし、故に採否の權は絶對に元首に在り。

議院の意見は國民の意思と見做すを得べしと雖も、必しも常に國民の意思と一致せず。元來議員は選擧人の委任を受たる代理人に非ざるを以て、其の言議する所、毫も選擧人に拘束せらるゝことなく、任意自由に所思を議院に發表するを得べし。此を以て議員は選擧人を代表せず。況や選擧人は國民の一部分に過ぎざれば、之を法律上より謂へば議員は遠く國民を代表する者に非ざるなり。然れども議員は、實際上選擧人の意思に反するの言議を爲す能はず、又之を爲す者に非ず、而して選擧人なる者は相當の資格を具有する良民なれば、一般國民の意思は選擧人の所懷と一致する者と見做すを得べく、隨て政治上に於て、議員は國民の意思を代表すと見做すを得るなり。然るに國家の政務は每に國民の意思に基づきて處決するを得ず、否な多數の言ふがまゝに從ひて國務を處決すべからざる場合少なからず。是れ國民の思惟考量する所の者、必しも恆に國家の眞正なる利害と一致することと能はざるに因る。國民の多數が全局の利益なりと思考する所の政策が、其實國家長久の道と相容れざるが如きは、政治上往々遭遇するの事實にして、元首は如何に民意を酌むに切なるも勢い之を採用する能はざるなり。之に加ふるに議院の意見が國民の意思と一致せざることも亦是れあり。此を以て代表機關として議會の意見を徵するに其議決の採納すべからざる場合

民意及院議と國家の利害

に左の二樣あり。
一、國民の意思が、國家の爲に不利なるに拘らず議院は之と同一の意見を表する時
二、議院の議決する所實際國民の意思(國是に合する)に合はざる時
第一國民の思惟する所、恆に國家の利益と一致するを保すべからざるは上說の如し。民の聲は天の聲なりと謂ふは一個の眞理なれども、多數の喝采する所必しも善良なりとは謂ふべからず。由來政治の事たる極めて複雜にして、局外者の判定し易からざる所、殊に國防外交の政策の如きは極めて精緻微妙にして、往々測るべからざるの奥義を含み發くべからざるの秘密を藏す、固より門外漢の揣摩に便ならず國民の意思が常に國家の利害と一致することを得ざるは主として此の事情の下に起る。次に議

院の議決は必しも國民の意思に合ふ者にあらず。議院の意見が國民の意思に背馳する場合は左の事情の下に起る。

一、選擧法不完全にして議員の選出が或る階級又は或る部類乃至或る職業等の間に於ける均衡を失する時、此場合には或る部分の意思が過大に議院に代表せらるゝ代りに或る部分の意思は殆ど表明せられざることあり。

二、議員の品位下落して、國家民人の爲に謀るの能力を缺く時、又は私利私營を是れ事とする時

三、議員が感情の司配する所となりて激越の言議をなす時

四、政黨の勢力强大にして、一黨の力、能く議會を左右する時

右の場合に於ては議院の意見は唯議院の意見たるのみ、國民の意思を代表する者にあらず。斯の如くんば元首が國民の意思を知らんと欲するの冀望は水泡に屬し。議會に對して期待する所

以の者畫餅に歸す。然れども元首の國民眞正の意思を知らんとするの冀望は終始變更せず。是に於てか衆議院を解散し、議員を新にして更に國論を徵するの手段に出づるなり。勿論此場合に於ける國民の意嚮は、國家中正の政策に一致し、議院獨り横議を逞ふする時たるべし。然るに議院の議決と國民の意嚮と一致するに關らず、其一致せる政策が國家の爲め不利益なる場合も亦是れあり。斯る時に於ても亦議院を解散すべきは勿論なり。唯此場合に於ては前議員の大多數再選せらるべきを以て、議院の趨勢必ず前議會と同一に歸着すべく、政府をして益々其の所信を實行するに艱難ならしむ。此の難局に處し、克く其の所信を貫くと否とは、輔弼宰相の人物問題にして、憲法論の範圍外に在り。

院議の効力

議院は國民の意思を代表するの機關たるに止まると雖も、議員の意見が法定多數に依りて決定したる上は、其の議決は最早參

政黨僭驕と大臣の決心

考の爲に提供せらるゝ一資料たるに止まらずして、政府をして之に對して必ず同意か不同意かを決定せしめ、且裁可を奏請せしむるの効力を有す。即ち法律上の問題にして、德義上の問題にあらず。(但し行政府の首長たる大臣より之を觀れば議法府の議決は己れを拘束するの効力あるも、統治權總攬者の地位より之を觀れば、上奏せられたる議決の諸案は矢張り一個の參考資料にして、裁可を與へられて然る後國法上の効力を生ずるを以て帝國憲法の法理となす)故に政府が常に議院の議決を敬重し、勉めて議決事項を實地に適用せんことを冀ふべきは言を俟たず。事情此の如くなるが故に、議院の議決が國民の意思と吻合一致するの歴然たるに拘はらず、政府が强て之に反するの政策を斷行せんとするが如きは、事實極めて稀なり。然るに政黨の勢力議院に浸漸するの結果は、政局をして意料外の變態に陷らしむる

本稿昨夏の筆に成る而して政界の現局恰も豫言の的中するが如し校字に臨み憮然久之

ことなきに非ず。衆議院の意見必しも國民の意見に合はざるに拘はらず、政黨の勢力を以て正論黨議を議場に葬り去ることあり。斯くて議會解散せられ、議員を新にするも、尙能く一黨の力を以て議院を支配することあるべし。斯る場合に於ては國民の意思は犧牲となり。政黨獨り跋扈し、國家の利益は私黨の蹂躙する所とならん。政局不幸にして此の形勢を現出することあらば、政府たる者は二回三回の解散を斷行するも、飽くまで政黨の僭驕を抑壓し家國民人に孤負せざるの勇猛なる自信と決斷となかるべからざるなり。中外の政局が斯る實況に際會するは敢て異數となさゞるも、獨り憾むべき所の者は所信を堅持して邁往するの宰相に遭ひ難きのみ。

議院と大臣との和協

議會は國民の意思を正當に表明するを以て立法協贊の任務を終る。議會の意見を固執して、之が實行を元首に强要するの權能を有せず。之こ同時に元首は恒に國民の意思に副はんここを冀ひ、鋭意中正の民意を酌まむここを望む。中正の民意を無視して自ら擅にするは元首の意思に非ず。故に輔弼の大臣亦故なくして國民の意思に反するの政策を強行するを欲せず、又之を敢てせざるや明かなり。斯くて政府こ議會こ互に節制謙抑し、共に和衷協諧し、而して後憲政の妙味始めて味ふべし。帝國憲法の議會こ政府こに待望する所の者實に此に存す。

議院の行政監督

議會は立法協賛の職分の外、又、行政監督の任務を有す。其の作用は上奏、建議、請願の受理、質問及び財政の監督是れなり。議院の行政を監視督勵するは間接の作用に止まるこ雖も、其の任務の重大なるは、決して立法協賛の事に遜らず。帝國憲法が議院に依囑し期待する所極めて大なり。

專制政治の憂患は大臣の專横に陷り易きに在り。外國に於ては君主自ら專橫の政を行ふことあり、之に加ふるに大臣の專橫を以てするが故に、家國民人の福祉を蹂躙せらるるの場合殊に多し。本朝にては天子聖明にして常に億兆を子育し給ふが故に、絕て君主專橫の憂なしと雖も、大臣の專橫につきては、古來備に辛苦を嘗めたり。上世蘇我氏の僭驕を首として、藤原氏の擅恣あり、平氏の橫暴あり、武人跋扈時代の事の如きに至りては復た言ふに忍びず。是れ皆大臣が朝憲を蔑みし國利民福を阻礙したる者にあらざるはなし。人文既に進み國民政治上の智識を具ふる現今の世に於ては、素より往昔の日に行はれし如き大臣專權の復活を見ることなしと雖も、亦時代に應ずるの方法に依りて專權の行はるべきは睹易きの理なり。大凡そ輔弼の重職に當る者、赤誠を傾けて君國の爲に盡すにあらざるなしと雖も、耳目の掩ふ所あり視聽の達せざる所あるは人事の免かれざる所、此に於てか監視督勵の府の在るありて之を匡救し之を控制するの必要起る。宰相其人が才德兼ね備ふる時に於て猶然り、況や其人を得ざるの時に於てをや。明治の元勳大久保木戸等諸公の如きは忠誠賢良の名空しからざるの名臣なり、而も其の行ふ所議すべき者少なからず。而して忠誠賢良の宰相も輔弼久しきに亘る時は自ら病弊に陷るは又避くべからざるの數なり。議會は之を監視督勵して、專横に失するなく懈怠に流るゝことなからしむ。憲法政治を以て專制政治に優ることするの理此に外ならず。

議院專橫の弊

然るに憲法政治に於ける一大憂患は議院自身が專橫の弊に陷ることここに在り。多數の意見を徵するは議會を設置する第一目的なるに拘らず、弊源此裏に伏在するは寔に止むを得ざる所なり。然るに此弊の起るや憲法の精神の晦朦に附せらるゝ時にあり、憲法の明文が曲解せらるゝ時にあり。憲法の旨義精神にして正しく解せられ正しく行はれしめば、議院專橫の弊斷じて起るこごなかるべし。

然らば議院の專橫は如何なる順序によりて起るか。曰く議院內に於ける政黨の勢力を政治上に認め、團體力を以て院議を左右するを認容するに基づくなり。議員も大臣も眼中唯國家民人ありて一黨一派あるべからず。院中に黨派あるは勢の避くべからざる所なり、要は唯之を政治上に認めざるに在るのみ。黨勢議院を司配するごきは、議會は國家中正の政策を贊襄するの本分を忘れて、動もすれば一黨の利害を先にす、此に於てか政府ご議會この和協を失ひ國家の要務往々阻礙せらる。況や議院の專橫は竟に統治權の干犯に歸着するをや。最も恐るべく最も警むべし。後章之を詳論する所あり。

第八章　大臣の職責

輔弼の義

憲法第五十五條に曰く「國務大臣は天皇を輔弼し其の責に任す」と。蓋、大臣の職分並に責任に關する憲法上唯一の條規なり。憲法全篇中、此の唯一の明文は、能く複雜なる大臣職任の存する所を詳にし、又能く重大なる大臣責任の歸する所を明にして毫も遺漏あるなし。是れ實に「輔弼」なる文字の含蓄、弘く且深くして、其の趣旨の洽く憲法全篇に流通するに因る。本條は第四條の本文と併讀して容易に其の意義を會得するを得べし。蓋第四條は統治權總攬者の地位を示し、第五十五條は大臣の職責を叙し、其の條規自ら別ありと雖も、統治權行用の意味は前後相待ちて始めて明なり。即ち「天皇は國の元首にして統治權を總攬し憲法の條規に依り國務各大臣の輔弼を以て之を行ふ」に外ならざるなり。

君主は臨御して獨斷せず、親裁して施行せず。是れ猶人の精神の首腦に在りて、視聽は耳目に委任し、運動は手足に委任するが如し。孝德天皇大化二年の詔に曰く、天地の間に君として萬民を宰むるは獨制すべからず臣翼を須つを要すと。抑々君主が獨制せすして常に臣翼に須つは、其の政體の立憲たり專制なるを問はず皆同じと雖も、專制政治の下に於ては王命を出納し大事に參畫する者、區々一定せず、樞機に參るは宰相の任なると同時に、內臣女官亦往々國務に與かることあるに反して、立憲政治の下に於ては、輔弼の任を國務大臣の一府に限り、斷じて其の門を二つにせざるを特色となす。輔弼の任務を帶ふる者國務各大臣に限るが故に、君主の統治權全部の運行、必ず國務大臣に由るは言を待たず。乃ち輔弼の含蓄亦自ら明白なり。此を以て統治權の範圍は輔弼の範圍にして、統治權の行動する所、大臣の參り知らざる所あるなし。「憲法義解」が國務大臣は内外を貫流する王命の溝渠たりと謂へるは、大臣の地位と職務とを説明して要領を得たる者なり。

輔弼と協贊

大臣の輔弼と議會の協贊とは、素より形式を異にし内容を同くせず。然れども兩者共に大政を翼贊する所以の政治上の方法たるは即ち一なり。憲法は統治の大業を翼贊せしむる爲に、議會に對しては協贊の任務を負はしめ、大臣に對しては輔弼の任務を負はしむ。故に議會は協贊の任務を盡して王命に應ふるの府なり、大臣は輔弼の任務を盡して王命に應ふるの府なり、其の王命に應ふるの府たるは、議會と大臣と全く相同じ。而して其の對應する所の者を撰擇取舍するは一に元首の宸衷に在り。

議會の任務は王命に應ふるを以て終るも、大臣の任務は未だ之を以て盡きず。即ち議會は自已任意の進言(議決)をなすを以て任務を終り、其の結果に就きては關知する所なしと雖も、大臣は自己任意の進言をなすに止まらず、更に又王命を奉行するの任務あり、且己の意思に合せざるの故を以て王命の奉行を拒むを得ざるなり。此の如く兩者は任務の延長を異にするのみならず、又大に其の幅員を異にす。即ち協贊は立法の一事に止まるも、(間接行政監督は別問題)輔弼は政務の全般に亘りて、及ばざる所なく、協贊の範圍の局限なるに反して、輔弼の範圍は廣汎なり。然れども大臣は何處までも奉行の官府にして主宰の地位に非ず、溝渠にして水源に非ず、耳目股肱にして首腦に非ず。

立法協贊の機關が其の意思(議決)の採納を元首に强要すべからざるが如く、大政輔弼の機關も亦其の進言の採擇を元首に强要すべからざるや勿論なり。啻に之を强要するを許さざる而已ならず、事實に於て强要すると同一の結果に歸着するが如き趨勢

輔弼の範圍は統治の輪廓內

も亦嚴に之を禁遏せざるべからず。若議會の議決をして元首の必す聽從すべき者たらしめ、又議會の議決をして常に政府を左過せしめんか、則ち元首は議會の意思に基つきて大政を行ふに右ぎずして、統治權總攬の大義玆に亡び、主權移りて議會に歸せむ。之と同しく若大臣の意見常に大政の方針を決定し、元首は唯垂拱成を仰ぐが如くならしめば、元首の位は虛位となり、事實に於て大臣專制の政治たり。議會の專橫と大臣の專權とは、共に立憲國の冐され易き病弊にして、識者の最も憂慮する所、而して憲法は嚴格に之を警戒し周密に之を豫防せり。

上述の如く大臣輔弼の任務は包容的にして、議會協贊の任務の局限的なると趣を異にするのみならず、議會隨一の任務即ち立法の事亦實に輔弼の效力の及ぶ所にして、而も其の主要なる部分たるなり。蓋議會に現はるゝ重要の法案多くは當局大臣より

世の大臣の職分を說く者多く奬順匡救の語を用ゆるは誤れり我大臣は奬順賛襄ありて匡救の義なし此事尤も注意すべし

提出せらるゝは普通の事にして、政治の方針主として政府の原案に含まるゝは掩ふ心からず。而して大臣は常住不斷に奬順賛襄の道を盡すの職分なるを以て、原案を作製し提出すること亦輔弼の一部たるや無論なり。斯くて議場に現れたる政府案を可否し又は修正するは協賛府の任意なりと雖も、其の否決の場合は極めて少く、修正も亦必しも原案の實質を滅却するに至らず、而して原案の通過する場合最も多きに居るは實際の事實なり。故に大臣が奬順賛襄の力を致せし結果に成れる産物は、協賛府に於ける最も有力なる資料たるのみならず、又實に協賛機關をして其の意見を決定せしむる最も有勢なる動力たり。則ち國務大臣は獨り行政の大權を輔弼するに止まらず、國務大臣の意思は間接に立法權にも參加し、而も實際上には最も大なる効果を顯はす者たるを見るべし。故に大臣の輔弼は直接間接に統治の全範圍に亘り、到らざる所なく入らざる所なし。隨つて其の責任重大ならざるを得ず。其の責任の重大なるは其の任務の重大なるに準ず。

輔弼の範圍は統治の範圍に等しきが故に、輔弼の義を知らんと欲せば統治の義を知らざる可らず。予輩旣に統治の意義を論究し、國家の生存及び繁榮を遂ぐる爲に最善の道を盡すを謂ふと論結したり。然らば則ち大臣は國家の生存及び繁榮を遂ぐる爲に最善の道を盡すの意を以て奬順賛襄の力を效すべき者たり。扱國家の生存繁榮を遂ぐるに必要なる方法は千種萬樣にして、之を列擧標記し得べきにあらず、平常臨時に複雜多端なる家國民人の物情に應して、適當と認め必要と認むる手段方法は、總て之を取り之を施すを妨けず。試に其の方法を彙類すれば別ちて三種となすを得へし、曰く危害を除去するなり、曰く安寧秩序を保維するなり、曰く幸福を增進するなり。國を統治する方法即國家の政務は、此三者を兼ねて洽く及び、弘く通ず。我朝廷が苟も國家の生存繁榮に必要と認むる所は、如何なる方法たるを問はず無制限に取り給ひしこと、古よりの例なり。由來政治の要は危害を除くにありと云ひ又は保安に在りと云ふが如き局限的の者に非ざるなり。然るに往昔の日歐羅巴に於て政府の任務は除害保安に在りとする主義の行はれたる時代あり、此の時代に於ては人民の幸福は國の權力を以て强制的に增進せしむべき者に非ず、個人の自由に放任して自然の發達を遂けしむべしとなせり。此の說は夙に廢棄せられ、近代の學說は國家の目的は人生の完全なる發達を遂ぐるに在りとし、各國の政府は進みて人民の智德を進め幸福を增すの手段方法を取りて到らざるなきは人の知る所なり。然るに我明治十年代に於ては歐洲舊時の民權論沿々として流入し、放任不干渉の説民間の思潮をなし、歐洲に於て既に廢棄せられたる舊思想が我か政論界を司配したり。當時民間の思想は、政務の意味を消極的に解し、動もすれば積極的の施設を否認するの傾あり。是れ本朝古來の政治並に歐洲近時の政策こ相容れざる所なり。帝國憲法の制定せられしは恰も此時に當りたれば、之を註䟽する者知らず識らず此の思潮の影響を蒙りしことは尤も注目すべき事實なりこす。

行政の意義の廣狹

政治こ行政この區別あるは言を須ひず。政府の行ふ所、通俗にては或は之を政治こ云ひ或は之を行政こ云ひ、恰も同一の意味に解せらる。然るに此間素より大なる懸隔あり、政府の職任即ち行政こ通稱せらるゝ所の者の内容は、國々に依りて同じからず。歐洲に在りては政府の職任は止だ法律を施行するの意に解せらる。蓋總ての法規は法律を以て定るを原則こするが故に、法律の施行は以て行政の全部を掩ふことを得べし。我國に於ては然らず、法律を施行することは固より行政なれども、是れ其の一部分にして全部にあらず、行政の範圍は更に弘くして統治權行動の範圍に亘る。歐洲に於ては議會の議決は君主の權力と對抗するの力あるのみならず、事實上君主の權力を凌駕す、而して總ての法規は必ず議會の議決を經るを原則となすが故に、議會の議決即ち法律を施行することに依りて國務大臣の任務を盡せりと謂ふべし。之に反して我國にては議會は元より天皇と對立する者にあらず、唯立法權に參加するの府たるに止まりて、權能自ら限りあり。故に其の協贊に出でたる法律を施行するは、行政の一部たるに止まり、政府の職務は未だ之を以て盡きず、隨て行政の意味は歐羅巴諸國に於ける者と大なる逕庭あり。此の意味の相違は大臣の職任に廣狹の差を生じ、輔弼の任務に輕重の別を生ず。

更に翻つて政治の大本より觀察せんか。天皇の臨御は愛護慈育の義に由る。故に統治權の行用は造化慈育の到らざるなく及ばざるなきの德に則る。獨り危害を除くを以て政治の要務となし、福祉を增進するを以て不急となすが如きは、我か政法の取らざる所なり。扨幸福を增進することに關しては、憲法第九條中の一項あり。即ち「天皇は法律を執行する爲に又は公共の安寧秩序を保持し及臣民の幸福を增進する爲に必要なる命令を發し又は發せしむ」と謂ふものの是れなり。然れば臣民の幸福を增進する爲に必要なる方法は、唯此條文あるに依りて取らるゝやと云ふに、決して然らず。幸福を增進するの方法は一般法律を以て之を設定せらるゝは勿論なれども、更に命令を以て之を設定するを得るを規定したるは、法律の曠闕ある場合に對する補充の意に外ならずと解釋せざるべからず。

憲法義解に曰く、公共の安寧秩序を保持し及臣民の幸福を增進する爲の必要に於てする命令は至尊行政の大權に依り立法の軌轍に由らずして一般遵由の條規を設くる者なりと。伊藤公の意民福增進に關する條規の設定は之を法律に待たずして獨り命令に待つべきものと解したるや明かなり。正文の文字の解釋は應に此の如くなるべし。然れども憲法の精神に於ては此の命令は法律の曠闕を補足する者なりと解するを妥當とす、否な斯く解せざるべからざるなり。蓋し安寧秩序を保ち臣民の幸福を增進することが、一般法律に含蓄せらるゝ以上は、故らに之を此條に揭記するの要なく、本條は唯法律執行の爲に必要なる命令に關して明示するに止むべき筈なるに、特に之を揭ぐる所以は、幸福の增進に關する者は勅令閣省令の規定に任して法律の下に立たしめ、法律を以て之を改廢するを得る底の者となしたるか。義解は斯く解釋するか如し。然れども日常政務は臨機應變以て之を處理するに難からず、之を法律に規定する概ね遺漏なきを得るに庶幾し、唯幸福增進の法策に至りては、其の關聯彙緣する所、弘汎複雜にして其の効果を生ずるや遠くして且深し、其の性質寧ろ有期議會の議題たるに適せず。故に一層之を重大に取扱ひ、法律より獨立する大權命令の中に揭けらるべき者なり。其之を大權命令に屬せしめざる以上は、則ち法律の中に包含せらるゝ者と視、而して法律の曠闕を補足する者即ち本條の規定なりと解せんと欲す。

明治十年代に於て自由放任論我政界を風靡したる當時、當局者が暗に其の威脅を蒙りたるは掩ふべからず。されば憲法註釋者が「臣民の幸福を增進する」の政務を以て政務中の重大なる者と認めながら、之を以て國家必然の政務となさず、第九條の末項を視て、國家は幸福增進の手段も亦之を取るを得る者と解したるは如何にも控え目に過ぎたり。是れ實に憲法解釋上の一恨事なり。

右政治の意義を說き及び行政の意義に區別あるを說くは、即ち輔弼の意味の重大なることを間接に說明する所以なり。世人或は大臣の職任の何者たるを解せず、立憲大臣を以て唯法律を施行するの循吏たりとなし、又法律施行の循吏たるべき者なりと思惟す。此思想が事實を誤まり憲法に合はざるは上說に依りて知ることを得ん。

輔弼の意義既に明かなれば大臣責任の意義は自ら分明なり。則ち一言にして之を言へば大臣の責任は適當なる輔弼の職任を盡さゞりし自個の行爲より生じ、天皇に對して責を負ひ、天皇よりを問はるゝなり。理此の外に存せず、義此の外に出でず。憲法

大臣責任上の異義

の條文は之を明示し又憲法の精神は之を暗示す

然るに大臣責任の事については、異論紛々群疑百出、學界と政界と兩つながら歸着する所に惑ひ、憲法義解をして「總て之を論するに憲法上の疑義にして未た一定の論決を經さること未だ大臣責任の條より甚しきはあらざるなり」との言をなさしむるに至る。蓋、統治權に關する疑義と大臣責任に關する疑義とは、憲法上の二大問題たり。前者は實際の政局に間接の問題なるを以て、其の事の重大なるに拘らず、一般政客は深く注意を傾けざるに反し、大臣責任の事たる直接に政治局面に交渉するの問題なるが故に、識ると識らざるとの別なく之に耳目を注ぎ、隨て俗論卑說雜然として紛出す。加之學者を以て任ずる者俗流に媚びて、法理上の曲解を大臣責任論に下し、兇焰を煽るに狂風を以てし、時流をして益、疑惑を深くせしめ、竟に救ふべからざるに至らしめんこす、慨嘆せざるべけんや。

統治權に對する疑義は國體の誤解より生じ大臣責任に對する疑義は統治權の誤解より來る。總て本朝の體制こ外國の成例こを混同錯視するより起る。

天皇は神聖にして侵すべからず、固より責任あるべき理なし。天皇無責任の義は之にて盡せり、又一辭を勞するの要なし。然るに歐洲にては幾多の理由を擧げて君主無責任の義を說くを常こし、本邦人亦往々之に倣ふ者あるを以て勢い多少の說明を加へざるを得ず。其一に曰く、君主は統治して施政せず、政務の執行は大臣の任なり、此を以て君主に責任なしこ。是れ君主をして虛器を擁せしむる者にして、立憲君主國に於て固より容れざる所なり。或は又君主は惡事を爲さず、故に責任なしこ謂ふ。君主の惡事を爲さゞるは、自ら惡事を爲さざるを謂ふか、將た惡事を爲すを得ざるを謂ふか。專制政治時代に於ける君主の行爲が善事のみならざるは外國の歷史に照して明白の事實なり。果して立憲制の下に於て君主が惡事を爲さずとせば其の惡事を爲さざるは、爲さざるにあらず、爲すを得ざるに因る。實際に於ては則ち政務の裁決及び執行の任は大臣に在り、君主は只虛器を擁するに過ぎざるの場合と毫も異なるなし。故に歐洲に於て君主は惡事を爲さずと謂ふは、畢竟君主を以て偶像と見做すに過ぎざるなり。此の如きは素より我か憲法に於ける天皇無責任の義を說明する所以にあらず。引援して以て紛交を試むべからさるなり。天皇は神聖にして侵すべからず、絕對に責任の外に在り。故に若し大臣責に任するの義なからんか、政治の責任竟に負荷する者なく、行政權は羈がざる奔馬の如く、恣まに法規の外に奔逸して止まる所を知らず、憲政の名ありて其の實は專制政治の狀態を現出するに至るは必然の勢なり。只夫れ大臣責任の義あり、憲政をして能く軌道の上を進輾せしむ。實に大臣責任は憲法及び法律の支柱たり。

責任根原の三說

大臣責任に關しては幾多の問題あり。異論紛々世人をして殆んど歸屬する所を知るに苦ましむ。第一大臣の責任は何の理由に因りて生ずる乎、第二大臣は何者に對して責を負ふ乎、第三其の責任を問ふは何者なる乎の問題あり。人々各、見る所を同ふせず。以下順を逐ひて論究せんとす。

第一責任の根原、即ち何等の理由に因りて大臣責任の義を生ずる乎に就きては、左の三種の異見あり。

大臣は天皇の行爲に同意したる事に就きて責に任す(一)

天皇には責任なし故に大臣之に代りて責に任ず(二)

大臣は輔弼の責に任ず(三)

同意說

(二)天皇の行爲に同意したる事に就きて責任を生ずと謂ふの說は、帝國憲法の斷じて容さざる所なり。抑、同意したる事につきて責任ありと謂ふときは、其の反面に於て同意せざる所の事實の存在を認定せざるべからず。大命は絕對なり、大臣は之に對して同意不同意を言ふの權能なし、唯恭順信從あるのみ。旣に不同意の事あらざれば、又同意の義を生ずべからず。同意に因りて責任を生ずと謂ふは論理に合はざるなり。之に反して大臣たる者君主の行爲に同意不同意を表明するを得べしとせば、則ち是れ大臣の意思を以て君主を掣肘拘束する者なり。此の場合於ては事實上大臣專制の政治たり。想ふに說者と雖も天皇の統治權を蔑みする者に非ざるべければ、反面に於ける不同意の事實を認定する者に非ざるべし。否な予は善意を以ゐて、說者の意思を斯く解釋せんとす。然るに說者の眞意は決して然らず。曰く「國務大臣は君主の行爲の憲法又は法律に違反し又は國家の爲に不利益なりと認むる者に對して副署を拒むの權利と義務とを有す」と。言此に至りては既に言論の常軌を逸し、正しく朝憲を紊るの言議たり、禮儀を整へたる言語文字を以て之を批評せんと欲するも、予は之を發見することは能はざるなり。

日本帝國に於ては天皇は憲法の上に立つ、天皇は憲法を生するも憲法は天皇を生せず。試に絶無の例を假定して之を謂はんか。假に憲法を廢止せらるゝ事ありとするも、是れ天皇の正當の行爲にして、我が國法上正當の處置たるを失はず、勿論斯る場合は此の手段を取るべき國家須要の場合たることを想像すべし。是れ固より絶無の事實なるべし、則ち絶無の事實なりと雖も、之あるも亦天皇の正當なる行爲たるを失はざるの國體なることを悟るを要するなり。又說者は君主(天皇)の行爲に憲法法律に違反し國家に不利益なる者あることを認む。是れ天皇も亦不善を行ひ給ふことあるべしとするなり。本邦に於ては天皇が不善を行ひ給ふことを想像する能はず。事實天皇は決して不善の意思を抱き不善の行爲をなし給ふことなし。此事前章に於て詳悉したる所なり。說者は副署を拒絕するを得べしと謂ふ。若し大臣責任は君主の行爲に同意するに依りて生ずと謂ふの前提をして成立するを得せしむれば。其の不同意なる事に對して副署を拒むを得と云ふの結論を生ずるは當然なり。然るに大臣は大命に對して同意不同意を表決するの權能なきや前述の如し、安んぞ不同意なるの故を以て副署を拒むことあるべけんや。天皇は十善にして欽くる所なし、固より憲法法律に違反し、又國家に不利なるの行爲あることなし。焉んぞ大臣が視て以て不善不利なりとして不同意を表するが如き事實あるを得んや。乃ち大臣責任は君主の行爲に同意するに因りて生ずと謂ふの說は根柢に於て成立せず、副署を拒否するが如きの權能は斷じて大臣の有する所に非ざるなり。

(二)天皇に代りて責に任ずと謂ふの說は、學者の既に棄却する所なれども、俗間尙誤想を襲ふ者あり。憲法義解が君主に代つて責に任ずるに非ざるを特筆し、一般の學者亦往々之に就きて切言する所あるは之が爲なり。天皇は神聖侵すべからず、固より責任なし。俗間其の責任なきの義を解して、責任を負ふべからざるの義となす、責任に代るの誤解此に生ず。無責任は虛無の義なり、何の負ふべき所かあらん。既に負ふ所なし、何の代任か是れあらん。若し大臣は天皇に代りて責に任ずる者なりとせば、是れ天皇の責を負ふことを認むる者なり。此の如きは憲法第三條を無視するものたるのみならず、實に我が國體の容さゞる所なり。

輔弼說

(三)大臣は輔弼の責に任すと謂ふの說は大臣責任に對する唯一の正解なり。憲法の明文は炳焉として輔弼の責に任ずる者なるを示せり。此間秋毫の疑義を容れず。然るに世間幾多の疑義を容るゝ者あるは、却て予輩の怪訝に堪へざる所なり。第五十五條中「國務各大臣は天皇を輔弼し」の一句は、即ち大臣の任務を明記する者にして、其の任務は即ち「輔弼」なることを謂へるに外ならず。一句の主意は「輔弼」の二字に在り。次に「其の責に任す」の句は前句を受くる者にして「其の」の字は「輔弼」の代名詞なり。故に第五十五條の第一項は「大臣は天皇を輔弼し天皇を輔弼する事について其の責に任す」と謂ふの文章に外ならず。或は天皇の行爲に同意したるの責に任ずと解し、又天皇に代りて責に任ずと解するが如きは、其說の不合理を論ずるよりは、先づ文章を誤讀するの過失を指斥せざるを得ざるなり。假に同意したる事に就て責に任ずと解するを以て正當なりとすれば「輔弼」の意義は即ち「天皇の行爲に同意する事」ならざるべからず、輔弼の義豈此の如き者ならんや。其の曲解たるや明白なり。又天皇に代りて責に任ずとすれば、自己の業爲より生ずる報果を受くるに非ずして、他人の業爲より生ずる報果を受くる者なれば、此の場合には憲法正條は必ず其の事を明揭するを要す。而して憲法は唯天皇を輔弼し其の責に任すと謂ふのみ。大臣責任が自己の業爲に對するの報果にして其の自己の業爲は即ち輔弼の事を謂ふや復た疑ふべからず。

大臣に責任あるは輔弼宜きを得ざる自己の業爲に對して責任あるなり。若施政其の道を失ひ政策其の術を誤るの事あらんか、是れ一に大臣が輔弼の宜きを得ざるより起る結果にして。其の責は當然業爲者たる大臣の負担すべき者たり。天皇は常に聖明にして十善なり。其の曇りなき自然の天意を有りのまゝに家國民人の上に徹底せしむることは即ち輔弼の要道なり。天意は常に恒に家國民人の安祥幸福を遂げしむるに在り。故に外物の障礙だに存せざれば安國と平らけく知らさむとする大御心は有りのまゝに其の儘に徹底せらるべき筈なり。若し斯の大御心の徹底せざることありとせば、換言すれば至善なる統治の行はれざることありとせば、そは大臣の輔弼其の道を失ふの因て致す所に外ならず。天日は常に明かなり、唯雲霧の其の明を掩ふことあり。雲霧の掩ふ所あるを以て天日の不明に歸すべからざるが如く、偶、政道の宜しきを失ふことあるは、固より天皇十善の德を損する者にあらず。國務大臣にして常に聖意を奉體し至誠を竭して輔弼すれば、君德を掩ふの雲霧あるなく天日は常に明かなるを得べし、唯大臣其の器にあらず、其の誠を盡さゞる時は、聖明

責任發出の二說

天皇に對する責任なり

壅蔽せられ天意徹底せず、國家の安泰生民の福祥之が爲に毀損せらるゝ是れ即ち大臣の職任を盡さゞるより生ずる結果なり。之を輔弼宜しきを得ずと謂ふ。其の責の大臣自己に歸すべきや勿論なり。大臣責任の根原豈に此の外に在らんや。

第二、大臣は何者に對して職責に任する乎。此の問題に於ては、天皇に對して責に任すと謂ふの說と議會に對して責に任ずと謂ふの說との二あり。予輩は固より大臣責任の天皇に對するものなるを確信して毫厘の疑義を容れざる者なり。然るに議會に對して責任を負ふの說を唱ふる者、學界政界兩つながら侮るべからざる勢力を有す、亦論辯を加へざるを得ず。

議會は、天皇の命令に依り、國民の投票を以て選出したる議員を以て組織せる協賛の官府なり。大臣は天皇の命令に依りて任命せらるゝ輔弼の官府なり。組織の形式に於て異同なりと雖も、共

對議會責任說の紕謬

に大權の命する所たるは即ち一にして、共に國家の機關たることゝ全く相同じ。大臣が恣まに議會を召集し解散することを得ざるが如く、議會亦大臣を任命し免職することを得ざるや明なり。彼是相干犯すべからざるは、即ち其の地位の對等にして其の權域の自ら定まれるに因る。若し大臣責任をして議會に對する者たらしめば、大臣は即ち議會の信任に依りてのみ其の地位を保つを得る者にして、事實上大臣任免の權は議會に在ること其の義を同くす、其の結果政治の實權は議會に歸す。是れ議會專橫の政治にして、其の極君位は虛位たらざるを得ざるなり。是れ豈帝國國體の認容する所ならんや。

然るに反對論者は曰く、議會は行政を監督す、故に行政に過あらば其の責を質すを得べし、是れ大臣が議會に對して責に任ずる所以なりと。又曰く齊しく天皇の官吏たる一般官吏に對しては責任規定なく、獨り大臣に對して之あるは、即ち其の責任の議會に對するを證すべしこ。是れ枝葉に拘泥して根本を沒却する者、畢竟三百代言流の論調のみ。議會が行政を監督する權能を有するは予輩既に前章に論述せり。然れごも監督するの事は問責の權能こ混同すべからず工場の監督者は全部の職員職工を監督すれごも職員職工は監督人の雇人に非ずして場主の雇人たり。監督人は唯職員職工等の怠慢過失を場主に代りて監視督勵するのみ。其の怠慢過失の責を問ふは場主にして、監督人に非ず。議會が監督者たるが故に大臣は議會に對して責任ありこ謂ふは、猶ほ工場の監督人が職員職工を責問する權能を有すこ謂ふが如し。工場の場合に於ては何人も其の義に惑はず、獨り大臣責任の場合に於て此の疑義あるは奇こ謂ふべし。又會計檢査院が國家の「會計を監督す」るここは同院法第十二條の明記する所なれごも、何人も會計検査院は財政に關して政府を責問するの地位に在りとは謂はず、又國務大臣は財政に就て會計検査院に對し責任を帶ぶとは謂はざるなり。

次に一般官吏に責任規定なく大臣獨り之あるの説の如きは一噓に値いすと云ふべきのみ。一般官吏は服務規定に依りて執務する刀筆のみ、其の責任は執務上の過怠に過ぎず此の如きもの安んぞ憲法上の責任と同視すべけんや。國家の大政を奉行するの事は、家國民人の利害安危の關する所なり、其の結果極めて重大なり、憲法特に之を重んじ、特に責任を明かにする所以なり。彼を以て是を例す、何ぞ不倫の甚だしきや。

論者は又大臣責任の最も重要なるものは、君主の行爲に同意したることに付ての責任なり、君主の行爲に同意したるに由りて責に任する者か君主に對して責を負ふと云ふは無意義なりと言へり。然るに大臣責任は君主の行爲に同意したるに由らずして輔弼に由るが故に、此の説は自ら消失すべし。伊藤公の憲法義解は責任の根原は輔弼なる固有職務の上に在りとするに拘らず「大臣は君主に對して直接に責任を負ひ又人民に對して間接に責任を負ふ者なり」と論結せり。是れ實に予輩の領解する能はざる所なり。人民に對する間接の責任を認むるは、即ち議會に對する或る程度の責任を認むる者にして、前掲對議會責任論者と半ば所見を同くする者と謂はざるを得ず。前者は人民の意思を以て國權の一源となし、義解は然らず、前者は天皇の行爲に同意する事を以て責任の根原となし、之に反して義解は輔弼を以て責任の根原となす、其の主義に於て根本の相違あり。假令間接の語を用ゆるにもせよ、人民に對して責任ありとするは、或る程度まで前者の根本思想を是認する者と謂ふべく明かに自家撞着の言たり。勿論義解の意は人民の意思を國權の根原とするにあらず、唯議會の嚮背が能く大臣の進退となるの事實を觀て、議會を經由して間接に民意が働くことを認めたるに過ぎずと雖も、國法上大臣責任が間接に人民に對することを承認する結果は太だ穩かならざる者あることに想及せざるべからず。予輩亦固より事實に於て民心の趨舍が大臣の進退に關するを認む。然れども民心の嚮背が大臣の地位に關係するの事實と、大臣が何者に對して責任を負ふかの問題とは自ら別あり。卑近の例なれども、會社の支配人が社員の反抗に依りて免職せらるゝ場合は極めて多し、此場合に於ても支配人は社員に對して責を負ふにあらずして、社員をして反抗せしむる如き失態をなしたる業爲につき支配人は社長に對して責任あるなり。若し社員に對して責に任ずとせば、社員は即ち社長の權力を領つ者

問責者

なり。人心を失ひ議會の信用を失ふが如きの過失あるは、即ち輔弼宜しきを得ざる者にして、元首に對し固より其の責を免るゝを得ず。人心を失ひて其の位を退くの事は事實なり、責を元首に負ひて制裁を受くるの事は法理なり、事實と法理とを混同すべからず。若し間接に人民に對して責任あるの法理を認むるときは、議會協賛權を以て間接に統治權を頒つものなりと謂ふも亦之を否定すべき理由なかるべし。主權統一の大義に明かなる「義解」にして、責任論に就き此の誤解あるは惜むべし。蓋し當時民權論の餘熱尙未だ冷却せず、歐洲思想官民の間に浸潤す、誤つて此の解釋を生したるにやあらむ。解者をして今日に在らしむれば、必ず予輩の説に首肯すべきなり。

第三大臣の責任を問ふは何者なる乎に關しては或は君主なりと謂ひ或は議會なりと謂ふ。然るに責任の根原並に歸屬既に分明なれば、責を問ふ者の君主なるは自ら瞭然たり。故に復た之を贅せず。

外國の憲法に於ては大臣が議會に對して責任を負ふの義を明言する者あり、之を明言せざるも議會に對する責任の義自ら知悉せらるゝ者あり。是れ其の議會が君主ご共に國權の源泉たる國體の下に生じたるの成規なり。我國の如きは則ち之に異なり、主權統一して元首に在り、其の下に於ける國家機關の異動進退は一に元首の親裁に待つ。大臣が君主に對して責を負ひ、君主より責を問はるゝの義憲法の精神に鑑みて既に爭ふべからざる所たるのみならず、又其の明文の上に於て疑ふべからず。唯其の條文が「天皇に對して責に任ず」ご謂はざるを奇貨ごして、强て附會の說を立つるは、西國思想混淆の結果に外ならず。國憲の斷じて取らざる所なり。

大臣單獨責任

大臣の責任に關して憲法上には殆ど議題たらざるも、實際の政治上には極めて重大なる問題あり。之を大臣責任は單獨責任なるか將た連帶責任なるかの問題となす。憲法第五十五條は國務各大臣は云々と明記せり。故に我憲法は單獨責任を原則となし、連帶責任を例外となすや明かなり。實に我憲法は各大臣を視ること同列同等にして、各自分担の政務に就き單獨の責任を負はしむる者たり。其中外の大事に關し協同して全局の謀猷措畫をなす場合は、固より各大臣連帶の責任にして、當面の職任に在ること否とを以て互に回避し互に推諉するを得ず。故に各大臣は何れも天皇に直屬し、各自單獨に輔弼するの權能あり、總理大臣を經由して輔弼するにあらず、又總理大臣の進退に依りて其の去就を決すべき者にもあらず。義解に「各相の進退は一に叡旨に由り首相既に各相を左右することも能はず各相亦首相に繫屬する

黨援聯結の弊

ことを得ず」と謂へるは正解なり、內閣が行政最高の官府として存在するは。行政各部の統一を保つの必要に出で、憲法上の機關として存在するにあらず。內閣官制に內閣は國務各大臣を以て組織すと謂ひ、內閣總理大臣は各大臣の首班として之を統督することを謂へるは、行政上の官府たるを謂ふ者にして、憲法が內閣なる團結の一躰を認むるにはあらざるなり。之に反して各大臣個々の資格を以てせず、合議の一體となり、各大臣單獨の權能を以てせず、內閣なる團結體を以てし、連帶責任を以て參政する實例は外國に少なからず。此制の最も發達し、最も善美の稱あるは英國の內閣なり。然るに此の制度は政黨內閣制の國に於て行はるべき所にして、此制の素地なき國に行はるべからず。然るに親任內閣制の國に於て若し不幸にして連帶責任を以て參政するの實例を反覆して止むなくんば、黨援聯結の力に依りて政權

内閣更迭の事歷

を左右するに至り、竟には政黨內閣政治となりて君主の大權は空虛に歸せんとす。我憲法は斷じて此の義を取らず。而して帝國憲法の精神が單獨責任を原則とし連帶責任を例外とするに在ることに關して、識者略ば異義を挾むことなきは、予輩の最も幸慶とする所なり。

然るに飜つて之を政治上の實際に徵すれば、我が內閣大臣進退の事情は遺憾ながら憲法の本旨に副はざるが如し。我が憲法は固より連帶責任制を容れざるに拘らず、更迭の事實は殆ど連帶責任に均し。斯くて憲法上に於ける單獨責任を以て輔弼するの大義沒却せられ、黨援聯結の勢をなさんとす。是れ實に憲政の前途に對して最も憂慮すべき兆候たり。

憲法實施以來二十餘年間の經過を觀るに、首相の印綬を解くもの前後十二回に及ぶ。明治二十四年五月山縣首相引退して松方侯の首相に任ぜらるゝや、山縣內閣の閣僚たりし樺山伯(海軍)後藤伯(遞信)及び陸奥伯(農商務)は引續きて其の職に留まり、翌二十五年伊藤公の內閣は所謂元勳內閣にして、其の椅子は悉く新たにせられしも、尙後藤伯河野氏の引續き留まるあり、同年より二十九年に亘りし間、閣班は概ね維新の功臣を以て充たせり。二十九年松方內閣組織の時は西鄕侯(海軍)榎本子(農商務)の引續き在職するあり。此の如くにして其の頃未だ全部の更迭を見るに至らざりき。然るに明治三十一年は政局最も多事の時にして一年の中伊藤大隈山縣の三老順次總理大臣に任ぜられ、大隈伯の如き政黨首領たるの地位を以て內閣の首班たるあり。閣臣總更迭の例初て此年に作られたり。而して陸海軍の二大臣は內閣の移動に關らず、其職に留まるの實例も亦此の時に開かれたり。其の後明治三十三年十月伊藤公が四たび內閣を組織するに方り、內閣總更迭の實例愈々確實となるのみならず、總更迭の主義も亦此時に立てられたりと謂ふを憚らず。其後三十四年六月(桂公)三十九年一月(西園寺侯)四十一年七月(桂公)四十四年八月(西園寺侯)に總理大臣の任命あり、何れも閣臣全部の更任を行ひ唯陸海軍大臣に限り留職すること前例の如し。此の故に我國の內閣更迭は陸海二相を除外するの總更迭にして、此の實例を襲ふこと既に十餘年を經たるなり。

總更迭の是非

此の如く內閣總更迭をなすことは果して憲法政治を行ふの最良の道なるか。通俗の語を以て之を謂へば、憲政有終の美を濟すの道果して此に在るか。帝國憲法の期待する所以果して此に存するか。假令國法上の理論に合はざる所あるも。實際上の利益は此の道に出つるを以て可しとするか。實際上の利益なるが如く視ゆる者は浮華幻影にして、實は尙他の道に由るを有利なりとすることはなきか。假に多少の便宜を眼前に認むるも、其の結果は國法を蔑みし、國體を毀傷し、竟に救ふべからざる禍と回すべからざるの悔とを後年に貽すことなきや。是れ實に愼重の考慮研究を要すべき大問題たり。

首相と各相

各大臣は天皇の大臣にして總理大臣の大臣にあらず。總理大臣は内閣の首班に位し之を統督するの任にあるも、各大臣を進退、去就せしむるを得ず。故に各大臣は苟も御信任の存する限り奉公の誠を効すべきこと、陸海軍大臣の例の如くなるべく、首相其の他閣僚と進退を共にせざるべからざるの理なきは勿論なり。然るに事實は各大臣個々任意の留任を許さずして首相と進退を共にせざるべからず、首相印綬を解くに際し、假りに某々の大臣が其の位に留まらんと欲するも、事實上留まる能はざるの確例となれり。是れ故に閣臣の辭職は聯帶責任を負ふの主義を以てするに非されども、事實は全く聯帶責任の場合ご異なるごなし。隨て聯帶責任の場合より生する政治上の結果は、必ず我が憲法政治の下に到來せざるを得ず。其の結果は他なし、黨援聯結の力、大權を左右するに至らんこご是れなり。世上一部の論者は聯帶責任を以て大臣の進退を行ふは立憲政治の善美を極むる者なりご謂ひ、政黨內閣に依らずんば憲政有終の美を濟すべからずご信ず。是れ黨援聯結の力を養成するを以て、立憲政治に於ける必須要件ご認むるなり。知らず論者は黨援聯結の力以て大權を左右するは憲政の本旨なりご思惟するか。惟ふに論者未だ此の悖謬に陷いらざるべければ、大臣の進退は唯大臣の進退に止まる者ご思惟し、其の結果の大權を侵犯する者なるに想ひ及ばざるのみ。

殊に噎ふべきは、政黨者が各大臣を以て總理大臣の所屬なるが如く思惟することなり。昨年十一月上原陸軍大臣は意見を閣僚と異にして辭表を直接に闕下に奉呈せり。是れ實に立派なる憲法的動作なり。然るに俗論は總理大臣を經由せざりしを非難して上原男の行動は非立憲的なりと罵りたり。彼等は各大臣の辭表を首相の手に托するは一個の便法たるに止まることを解せざるの愚人ならずば、各大臣は陛下の大臣にして首相の屬官に非ざることをも辨へざる癡漢なり。然るに明治三十一年十月内務大臣板垣伯が時の首相大隈伯を經由せずして直に辭表を奉呈せしことに就ては一言の非難を加へざるなり。黨人の不論理手前味噌凡て此の如し。

内閣總辭職の實例は聯帶責任の實を成し、竟に單獨責任の憲法の主義を變化せしめ、黨援聯結の勢を養ひて、竟に政黨内閣の基礎を定め、其の結果は大權の空虛に歸着すべし。是れ固より憲法

總更迭と聯帶責任

の許さず國體の容れざる所なり。況や政黨內閣制は本邦の實境に適せず徒らに政界の紛亂を招くのみにして、國家を經綸するの道にあらざるをや。事は後の本章に詳論すべし。

內閣總更迭の實例は明治三十一年に作られしこと上記の如し。此の時伊藤公は政黨と握手し尋て同年中政黨首領たる大隈、板垣兩伯を後任に推薦して首相の職を辭したるは、到底政黨の上に超然として國政を料理すること能はずと觀じたる者にして、政黨の勢旣に强大にして時の爲政者之を如何ともする能はざりしに職由す。當時伊藤公の進退は固より聯帶責任の義に由るに非ずと雖も、內閣總更迭の主義(聯帶責任の實此に在り)は實に公の初めて開く所なるや掩ふべからず。公は憲法制定の大業に關して最も功勞あり、現に憲法の註釋者たれば、憲法上の大義に精通すること天下第一の人なるべし隨て憲法の本旨に背戾す

此章を草して後半歳ならず黨人囂々政黨論を叫び實に憲法の危機に迫る噫

るが如きの事端を自ら啓くは實に有り得べからざることに屬す。故に公は其の最後までも單獨責任の義を確信したるなるべく、總辭職の事こ聯帶責任の事こを別問題こ認めたるならん。奈何せん總更迭の事實を反覆するは、即ち連帶責任の事實を養成する者にして、現に政界の實況は殆ご連帶責任を承認するに至れるこごを。是れ必ず公の意表に出でたる所なるべく、公をして在らしめば其の端を開きたるの過失を自認すべし。然れごも斯の惑へる前例を重ぬるや未だ久しからず、且陸海兩大臣の其の例に漏るゝあり、大臣の進退を正路に回すの道なきにあらざるを知る。今や實に其の時なり。若今に於て救回せず、過を襲ふて悛めずんば、竟に策の施すべき者なきに至らん。

陸海軍務の重要にして、其の大臣が不時に其の地位を捐つるを不利とすれば、外交財政内治孰れか國家重要の政務にして、大臣

外國の事例

が不時に其の地位を捐つるを不利とせざらんや。留職の必要ある者、固より陸海兩職に止まらざるなり。蓋、在任久しきに亘り弊を生じ惓を招くは自然の情なりと雖も、更任頻繁にして方針政策の轉變動移するの不利は一層忍ぶべからず。一國の大臣として國政爕理の任に當る者は至誠君國に盡すの良臣たるを要すると同時に、之に對しては又貸すに一定の歳月を以てせざるべからず。不時の退職を餘儀なくせられて、切角の政策を水泡に歸せしむるは、實に國家の損失なり。必然の責任を負ひて其の職を退くは國法上に於ても政略上に於ても共に要求する所なり。其の責任に非ずして不時に其の職を辭するは、君國に對して不忠實の業爲なり。國法は之を否認し、政略は之を不利とす。英國に於て兩黨の人士更迭して進退するは古來の例なるも、歐大陸に於ては此の例行はれず。佛國内閣の首相がモニーたりカイヨーたりポアンアレーたるも、其の都度閣員の全部を更任するに非ず、獨逸のビウロウ公が辭しベートマン、ホルウェヒ之に代るも、露國の內閣がゴレミキンよりストリピンに移り更にココウツォフに移るも亦皆數名の閣臣に移動あるのみにして、總更迭の事なし。是れ各國各種の事情ありて、英國の事例の如くなるを得ず。又英國の事例の如くするを不利とすればなり。日本帝國は英國に非ず固より英國と國情を同くせず。日本國民たる者並に帝國の大臣たる者は、日本の內閣大臣は英國の內閣大臣に非ざることを知らざるべからざる也。

第九章　政黨の性質及目的

政黨の存在

立憲政治を行ふ國皆政黨あり、政黨の存在は各國に於ける現事實なり。立憲國に非ざる國亦政黨なきに非ずと雖も、進步せる政黨は專制政治の下に存在せず、否な學術的に謂ふ所の政黨は專制政治の下に存在するを得ざるなり。是れ專制國に於ては、政府が往々壓力を加へて政黨の發達を防遏することあるに由るのみならず、實に政黨なる者が初めより其の目的を實行するを得ざる地位に在るが故なり。

然るに政黨の立憲國に存在するは、政治上缺く可からざるの機關として存在するに非ず。又立憲政治は政黨に依るに非ざれば圓滑に運用する能はさるの理あるなし。實に政黨は自然の勢に由りて生じ、自然の勢に由りて政治界の機關となるなり。故に政黨を不必要として其の消滅せんことを祈るの理なきと共に、之を須要の機關として國民の全體に擴充せざるべからざるの理も亦存せず。或國には二大黨の對立するあり、或國には數小黨の分立するありと雖も、必しも孰れを可とし孰れを否とする一定の原則あるに非ず。又或國には國民の多數が政黨に加はるに反して、或國には其の一小部分が黨與たるに過ぎずと雖も、亦必しも彼此優劣の定理あるに非ず。凡て黨派の大小黨與の衆寡は、各國政治上の沿革に由りて定まり、時局の情勢に應じて變動す。政黨の形勢に異同あるは各國の國情に異同あるが如し。之を政黨の本體となす。

政黨の定義

政黨とは何ぞや。曰く、國民の一部分が一定の政見を實行するの目的を以て任意に協同一致する永續的の團體なり。世上固より無數の結社集團あり、此等の者皆團體なり黨派たるは勿論なり、只此の定義に合はざる者は所謂政黨に非ざるのみ。

政黨は政治的團體なるが故に、他の社會的團體ご區別すべく其の目的は政見の實行に在るを要す。政黨の特性は政見の懷抱に在らずして、政見の實行に在り此點尤も注意を要す。實に政見の實行は政黨の生命なり。次に政黨は任意の協同なるを以て、黨員は國民の一部分にして全部にあらず。一黨の黨員が國民中の一部分なるは勿論、國中に存在する諸政黨の黨員を併せたる者も亦國民の全部にあらず。其全部ならざるは、未だ擴充して全部を掩有し得ざるに非ずして政黨の本性が全部に擴充すべき者に非ざるに因るなり。國民の何人も職業を有せざるなし、故に士農工商を併せたる總數は、即ち國民の總數なり。然るに黨派の區別は職業の區別ご其の理を同じくせず、故に各黨員を併せたる總數が國民の總數よりも遙に少きは固より其の所なり。又政黨は永續的の性質あるを要するを以て、或る政治問題の實行を期する目的の下に結合する某々期成同盟會の如き者は政黨に非ず。期成同盟會は其の問題の解決すると同時に、存立の必要を失ひ、同時に解體するを常とするも、政黨は臨時の問題の下に結合する者にあらざるが故に、其の存立は永續的なり。然れども政治上の主義並に意見なる者は、常に年月を逐ひて變化轉遷する者にして古今を通じて移らざるが如き主義政見の存在すべからざるは勿論、僅に數十年に亘り一貫して動かざる主義政見の存在することも亦極めて稀なり。是れ故に政黨を目して一定の政見を有する永續的の團體なりと謂ふは、嚴正なる意味に於けるの定義に非ずして、便宜上の定說たるに過ぎず。其の一定の政見と謂ふ者も亦、實地の政治問題に基礎を置く者に外ならざれば、臨時特定の問題よりも稍、汎き意味の者と解すべく、其の永續的と謂ふ者、固より永久の意味にあらずして、或る時期間の連續を意味するに過ぎず。之を要するに政黨は政治問題の期成同盟會を引き延ばしたる者と解すべきなり。

此の意味の下に政黨が存立し、其の黨員が私心を捐てゝ眞面目に家國民人の爲に謀らば、政黨は國家に有益にして、政治界に必要なる團體たるを得べし然るに世事往々理論の如く行はれず、人心多くは利害を趁ひて走る、政黨の弊此に起る。

政黨が長久年月に亘りて終始一貫する主義政見を有するを得ざること、上に言へり。然らば政黨は何故に長久的の政見を有つを得ざるか、言ふまでもなく時勢の變遷に因るなり。時勢の變遷に伴ひて推移せざるが如き主義政見は、首めより政黨の主義政見たるを得ざるなり。例へば帝國永遠の獨立を期すと云ひ天壤無窮の寳祚を奉戴せんと云ふが如きは、固より政黨の標榜たるを得ず。往年我が政黨の初期に於て「皇室の尊榮を保ち人民の幸福を全ふする事」を綱領に掲げたる者ありしが、此等は寧ろ滑稽沙汰と謂ふべきのみ。之に反して、國防方針につき海軍を重んずべしと主張し、若くは陸軍を重んずべしと主張するが如き、或は殖民地開拓を急務とし、又は內治整頓を急務とするが如きは、皆以て政黨の主義政見となすに適す。然るに此等の政見と雖も、國防の設備充實し殖民地の開發成功するに及んでは、政黨が遂げんとする目的物消失するを以て、其の標榜自ら删除せられざるを得ず。唯比較的長き時期の間一黨の政見として繼續せりと謂ふに過ぎず。然るに目的物消失する時は政黨の存立要件を失ふが故に、其の政黨は解散せらるべき筈なれども、事實は然らず。同一の黨派は何時しか新たなる目的に向つて政見を定め、依然として同一團結を保つは普通の事實なり。而して主義政見の變化に伴ひて黨名を改稱することなきに非ざれども實際に於ては政見の變化は極めて頻繁にして、黨名の改定は必しも之と相伴はざるなり。英國の政黨が王黨より脫化して保守黨となり又今の統一黨となりし間に二百餘年の星霜を經たるも、其の間に於ける同黨の主義政見の轉變は擧げて數ふべからず。本邦の政黨は由來主義の團體にあらざれば、改進黨が進步黨となり憲政本黨となり國民黨となりしが如きは、事情に由るの改稱にして、政見の異同に由るの改稱に非ざるは勿論なれども、其の政見が三十年間頻々たる變化をなせし事實は人の耳目に新たなる所なり。然らば則ち政黨に一定の主義ありと謂ふは、隨時一定の主義ありと謂ふの義にして長き年月に亘りての事實にあらず。煎じ詰むれば、政黨なる者は某問題期成同盟會と其の性質を同くし、必しも永續的團體たるを要せざるなり。

何れの政黨も主義政見の變更ある每に解體することなく、永く同一の團結を保ち、偶、改稱するも、略ぼ同一人士の組織體たるを常とす。若政黨の目的が主義政見の實行に在りと謂ふの看板に僞りなしとせば、政黨の生命は必ず主義政見と終始すべく、主義政見の變更に伴ひて面目を新たにすへき理なり。而して事實の之に反するは何ぞや。主義政見は其の變遷するに任じ、結合團體は永久的に繼續するを觀れば、政黨の目的は主義政見の實行のみに止まらざることを認定せざるを得ず。然り、政黨は別に目的を有す。他なし、政權を其の手に握ること是れなり。實に政黨の生命は政權を掌握する目的の上に在り、主義政見は之を成就すへき手段に供せらるゝ場合多し。

政見の實行

政見を實行するに二つの途あり。自ら行ふか、又は他人をして行はしむるかなり。國家より之を觀れば、苟も國家最良の政見ならば何人の『手』に依りて行はるゝも可なり、要は只政策の良否如何を問ふのみ。然るに政黨より之を觀れば、自黨の政見は、必ず自黨の手に由りて實行せんことを冀望す、他人をして行はしむるを願はず。故に「政見の實行」は「自ら實行する」の意にして、他人之を行ふの意に非ず。自ら實行することが第一の要件にして、政策の良否を論するは次きの問題なり。

政權を行ふの地位を獲んと欲せば、勢力を議院に樹つるを要す。院外の言議は假令時事に適切なるも、以て當局者を拘束するに足らず。控制の力ある言議にして、始めて當局者の政見と對抗するを得べく、當局者をして其の主張を拋ちて我に聽從せしめ更に轉じて其の地位を棄てゝ己れに譲らしむるを得べし。專制政治の下に於ける在野の政論は、畢竟空論たるに止まりて、當局者を拘束する能はず。故に政黨は專制治下に勢力を伸ぶるを得ずして獨り立憲治下に偉大なる勢力を有す。議院に於ける個々の議案の可否は、一こして當局者を拘束せざる者なし。故に唯可否の決をなすのみにて、既に政見實行の目的は成就せらるるなり。然れども是れ他人の手に由るの實行にして、己の手に由るの實行にあらず。自ら實行者たらんこ欲せば、當局者を黜け己れ代りて其の地位に立たざるを得ず。然るに公平無私に議案を審議するのみにては(國家の上には最良の道を盡す者なれども)未だ當局者の地位を動かす能はざるを以て、黨派の力を平常に養ひ、黨援聯結して當局者に當るを例こす。政黨の勢は此の如くして議院に扶植せらる。是れ故に黨員にして公平無私に國家の問題を審議するの本分を恪守し毫も其他に顧みる所なければ、議院内に政黨を樹つるの必要は全く存在せず。議員の心術、一念家國民人の上に在らば、政黨は議院内に長育する

政權競爭は當然

能はざるべし。然るに議員の胸中別に政權爭奪の目的あり、黨援聯結の力を用ゆるに非されば此の目的を達し易からさるを以て黨勢院内に振ふ黨勢の院内に振興するは即ち政權爭奪の餌あればなり。然れども予輩は議員が政權を爭ふこどを不可なりこするに非ず、予輩の否認する所は此に在らすして他に在り。志す所あれば行ふ所なかるべからず。自己の懷抱する政策を自己の手に依りて實行せんとを望むは人の常情なり。啻に人情の自ら行ふを欲するのみならず、自己の政策は自ら實行するを便こし、他人をして行はしむるを不便こす。故に政黨員が自ら爲政者の地位に立ちて政見を實行せんここを期するは、必然の理至當の要求なり。政黨員が政權を爭ふは即ち此の目的を達せんが爲に外ならざるを以て、政黨員の爲政者たる地位を獲んこするの運動(政權競爭)に對しては、固より非難の加ふへき者なし。世間或は政黨者流が政權を爭ふを觀て一個の罪過なるが如く見做すは明に僻見なり。政黨の政權を爭ふを不可なりとするは、政黨を目して空論を事とするの團體となす者なり。政黨の目的は政見實行にありて、處士横議にあらず。國民誰か國を憂ふるの資格なからん、又誰か行政者たるの地位に立つの資格なからん、乃ち自ら信するの政策あり、自ら之を實地に行はんことを企つるは。國民當然の要求にして、又國法の允す所なり。政黨人をして空論に從はしめ政權より隔離せしめんとするは、眞心國事を憂ふるの政治家を侮辱するものと謂ふべし。

然れども大凡そ政權の競爭は、眞正に國家の利益に合するの政策を實行するの目的に於てせざるべからず。政府の政策が何等の遺漏なきに拘らず、强て取て之に代らんとするは政治上の異圖なり、政權の競爭に非ず、其の異圖の極端に走る場合は即ち謀叛なり。立憲政治の下に於て政治上の謀叛は起り易からず、勿論外國の某々國にては數、謀叛の發生を見るこ雖も、是れ其の國情に由來する者にして憲政(政體)に基因せず、概して言へは、憲政の下に於ては、專制治下に於けるよりも政治上の謀叛を發生し難きは疑なき事實なり。然らは政黨者の政權競爭は果して常に國家の利害に關する政策の異同に因りて行はるゝや否。略言すれば政黨は果して常に國家必然の政策を取りて政權を爭ひ、絕て妄動輕擧して政權を爭ふが如き事なきや否。抑政黨の賴む所は多數に在り、多數は政黨の唯一の武器なり、政黨が多數を包有するを得るは、政權を握らんこする冀望の一致するに因る。故に政權を爭ふの念は一時一刻も休むここなきや、恰も積水の常恒不斷に堤防を壓するが如く、堤防の堪壓力を限度こして、何れの時何れの場合を問はず決裂せんこするなり。故に政黨は國家の政

私黨と公黨

策を取りて政權を競爭するを元則とするも、多くの場合に於て政權競爭の目的を遂ぐる爲に國家の政策を標榜するなり。是れ予輩の私言にあらず、政黨の實歷は明に之を證す。中外の政黨史を一瞥すれば、何人も首肯せざるを得ざるべし。

政黨は必然の勢に起り、國家の須要に基かざることと前に道へり予輩更に之を詳說し進みて弊害に說き及ぼさんとす。

政黨は部分にして全部にあらざるや言ふ迄もなし。パーチーの語は部分を意味し、漢字の黨字は偏を意味す。君子黨せずと謂ひ、無偏無黨王道蕩々と謂ふが如きは、偏頗を忌み公平に就くべきを示す者なり。支那の學者の黨を視るや毎に之を不良の者となし君子皆比周朋黨の害を論ず。請謁上に得れば黨與下に成ると說き又黨とは相助けて非を匿す者なりと罵る。素是れ私黨に該當すべき解說にして、今の政黨に對するの適評にあらず。今の政黨は相助けて善く計るを黨と曰ふと解說せざるべからず。然れども實際に就て之を觀れば、政黨必しも相助けて善計せず、却て相助けて非を匿し又非を遂くる場合少からず。彼の私黨に該るの解說が、的切に政黨に籍るの事實あるは、政界の痛恨事たり。世の政黨を說く者公黨私黨の別を立て政黨の公黨にして私黨に非ざるを謂ふ。其の理當に然るべし事實は然らず。國家公共の利益を計畫して自黨の私益を謀らざるの主義を嚴正に實行すれば、則ち政黨存在の理由を失ふこと前に說けるが如し。王道蕩々偏なく黨なし、假令一時的と雖も黨派あるを得ず、況んや長久に亘り區域を立てゝ割據するをや。其の永續的に區域を立てゝ團結するを得る所以は、政黨が自黨の爲に利益を謀るに依る。即ち自黨を利し自黨員を利せんとする冀望の共通するに依りて、黨員の一致を保つに外ならざるなり。小數人の利益を計り一小地方の利益を謀るの團體が私黨たるは何人も疑はざるも、多數人の利益を計り廣き地方の利益を謀るの團體に對つては決して私黨の名を冠せしめず、而も一部分の利益を目的とするに於て兩者の間將た何の差別かあらむ。要するに政黨が政黨たるの體面を有つと否とは、國家の爲に謀ると自黨の爲に謀るとの分量の比較に依りて決せらるべし、政黨が徹頭徹尾國家の爲に計りて毫も自黨の爲に謀らざるが如きことの絶無なると同時に全然自黨の爲に計りて國家を眼中に置かざるが如きことも亦絶無なり。而して政黨の弊害は黨利を謀ることの盛んなるに比例するは言ふまでもなし。

政爭の餘弊

政黨は必ず黨利を計畫す。否な黨利を計畫するは政黨存立の要件なり。黨利を謀るに二樣あり、一は黨員各個の私益を謀るなり、一は政黨全體の利益を謀るなり。此に全黨の利益と謂ふは政權を競爭するを謂ふ、黨人が黨勢を利用して私益を謀るは政黨の腐敗なり。政權を競爭するは政黨者當然の權宜にして、政黨の生命依つて保たるゝ所、唯其の問題とする所は政權競爭が國家眞正の政策に基くや否やに在るのみ。然るに政黨の爭權は、必しも國家の政策に基かず多くの場合に於て政黨が國家の政策を忘れ漫に政權の競爭に熱中するの傾向あるは掩ふべからず。蓋政權を握らんとし又は政權に接近せんとするは政治家の本懷にして、政黨は常住不斷に此の冀望を有す。是を以て必しも經世濟民の大策を有するにあらず、又必しも一世の重望を負へるにあらず、唯現政府を倒し取つて之に代らんとするの一念に驅らるゝは政治家の通弊なり。故に苟も機會の乘すべき者あらば、容赦なく突擊を試み、輙もすれば風波を平地に起すは在野黨の常にして、政見の果して國家の長計に合するや否やを問ふに遑あらざるなり。之に加ふるに政黨は反對黨派に對する敵愾心を有し、其の行動往々敵愾心の左右する所となる。蓋政黨は初めより城郭を政界に搆へて永續的に結合するの團體なるを以て、相對立する所の黨派は各、自黨の利益を畫策して他黨を排斥す。敵愾心の起るは相對峙し相排斥するの結果にして、政黨の沿革を重ぬるに準して敵愾心愈、强く、以て相互の間に拔くべからざるの塹濠を造るに至る。此の敵對觀念が理屈を離れて感情に走るは避くべからざるの勢なれば、政黨の採る所の政策は國家の利害より打算せられずして、動もすれば感情に依りて司配せらるゝなり。斯の如くにして政黨者は假令反對黨の主張が正當なるを承認する時に於ても、敢て之に贊同を與へず、强て殊異の意見を立てゝ之に對抗するの擧に出づ、是れ政界常に見る所の事實なり。是れ實に政黨の弊害の伏在する所なり。然れども他黨を排して自黨の利益を圖るは、政黨存立の一大要件なり、弊の存する所なること同時に生命の倚托せらるゝ所なり。故に此の弊害の政黨こと離るべからざるや。恰も影の形に相件ふが如し。之を除けば其の命を斷たざるを得ず。何となれば若他黨を排斥せず自黨の利益を圖らず、專心一意家國民人の爲に畫策せんか、是れ即ち無偏無黨なり、王道蕩々とは此の謂なり此の間政黨は存在せざるなり。政治家が無偏無黨にして單り國と民との爲にのみ謀るは洵に政道の極致なれども、此の如きは理論に於て冀望すべく、實際に於て招致すべからず。乃ち黨派の起り政權競爭の行はるゝは古今東西の常態なり。此に於てか政黨より生ずる所の弊害は、根本的に避くべからざるを觀る。

故に曰く政黨は必然の勢に因りて起る、政治上須要の機關なるが故に起るにあらずと。然らば則ち政治家の政黨に對して取るべき方法は、勉めて其の弊害の輕小ならんことを講するに在り、約之を政治上に善用利導し、横溢汎濫の禍なからしむるに在り。約して言へば、之を董督し之を控制すべく、之を放縦し之を助長せしむべからず。是れ政黨をして其弊に陷らず、而して國事に貢献する所あらしむるの道なり。黨勢を助長し擴充せんことは固より政黨員の冀望する所なれども、國家の全局より之を觀れば無意味の業なり。一黨の増長は他黨の減退なり、然らずんば無所屬の蠶食なり、全局に於て毫も加ふる所なし。啻に全局に何等の加ふる所なきのみならず、黨勢を全國に擴充し居然たる大政黨を成さしむるの結果は、政黨の嚮背を以て政權を左右するに至らんとす。立憲君主政治に於ける憂惧實に此に存す。帝國憲法を擁護せんとする者深く思を致さゞるべからず。

英國の政黨

政黨を論ずる者、概ね範を英國に取らざるはなく、其の二大政黨の對立するを觀て、欽羨措く能はず、勉强して之を學び、以て其の境に到らんことを願ふ者の如し。是れ果して至當の要求なるか、抑亦究竟成達せらるべき願望なるか。國各々形勢物情を異にし、沿革由來を同くせず。彼に存する所の者旣に我に存せざれば、彼に發達する所の者焉んぞ我に發達するを期すべけんや。政黨の成るや一朝にして成るにあらず、二大黨の對立するや亦由て來る所あり。今即ち中外の勢情を察せず彼我の沿革を顧みず、漫然として他國の顰に傚はんとするが如きは、予輩未だ其の可なる所以を知らざるなり。

英國に於ける政黨の淵源は、遠くエリザベス女王の時代に求むるを得べし。然れども兩黨の議會に對峙して論戰するに至りしは十七世紀の前半にして、其の後半紀に於てホイッグ、トーリー二黨對立し、民權王權を代表して相爭ふに及び。政黨の旗幟益、鮮明に、其の主張愈、明白となるに至れり。爾來幾多の盛衰消長を經たりしが、王權黨民權黨の稱呼は名實相合はさるに至り、十九世紀に及びて、一は保守黨と呼び一は自由黨と稱す。然れども兩黨の主義綱領を明確に擧くるは固より至難の業なり。兩黨は壘を高くし濠を深くして相對陣すれども。兩者が抱持する政見は決して此の如く明瞭なる區別あるにあらず。昔者王黨民黨對立の時代に於て之れを觀るに、王黨必しも王權を緊張して國民の自由を壓迫せんとするにあらず、民黨亦極度に民權を擴張して王權を褫奪せんとするにあらず、民黨中に勤王思想あり、王黨中に民主主義あり。其の保守自由の兩黨相分るゝ時代に在りても亦之と同じく、保守黨員必しも守舊尙古に偏せす、自由黨員必しも燥急競新に失せず、保守黨中に日新進取の氣象あれば、自由黨中にも持重老熟の氣風あり。今の統一黨は大英帝國主義に重きを置き自由黨は内治に力を用ゐて健實なる國勢を養成せんとす、然るに統一黨決して内治を忽にせず、自由黨亦決して外政を邈視することなきなり。唯其の大體より之を觀察すれば、兩者の間に多少の傾向色彩を異にする者あるは爭ふへからず。然れども其の傾向色彩に於ける多少の異同は、固より以て兩黨の間に於ける劃然たる境界を立つるの理由となすに足らざるなり。故に或る學者は英國の政黨は政權の競爭を唯一の目的となし、其の主義政見は畢竟之を達すべき手段に過ぎずとなす。是れ亦一理あり。然れども英國の政黨が必しも政權の競爭を以て唯一の目的となす者に非ざるは人の知る如くにして、主義政見を實行せんとする政治的道德と、政權の競爭と相待つて、其の運用の極めて滑かなる者たるに外ならざるなり。政權競爭の念如何に強くして、政黨進退の慣例如何に久しとするも、其の主義政見が國利民福に相合はざる者なるときは、固より掲けて以て政權競爭の旗幟となすに足らず。此事何れの國に於ても然り、而して公共心に富み保守的の氣風に富める英國に於て殊に然り。

英國の二大黨對立

英國人は由來保守的國民にして前例舊慣を重んすること、遙に他國人に超ゆ。二大黨相對立して政權を遞次するは、二百餘年來の慣例にして、既に一種の社會道德となり、政黨の政局に進退するは政治界の禮儀となり、牢として動かすべからず、儼として侵すべからず。彼の氣風あり彼の訓練あり彼の沿革ありて、始めて二大黨の對立を見るを得るなり。英人の氣風を有せず、訓練に乏しく、沿革を同くせざる他の國民が、强て英國風の政黨を學ばんとするは、所謂烏の鵜を爲ぶものなり。

歐大陸の政黨

歐大陸諸國の政黨亦範を英國に取らんとしたりしが、未だ曾て其の例に倣ふ能はず。佛國に於ては保守黨急進黨進歩黨共和黨

小黨分立は自然の理

社會黨等の數小黨分立し、獨逸に於ては保守黨自由黨中央黨社會黨波蘭黨等數小黨を別ち、甚しきに至りては十數派を區別す。墺地利伊太利等亦略ぼ相同じ。此の如くにして二黨對立の事、全く歐大陸に行はれざるのみならず、一黨を以て絕對多數を制する大黨も亦存立すること能はず。是れ何に因りて然るや。國家最良の政策は一ありて二あるなし。若し二あるときは三あるべく五あるべく、必しも二つに限るべからず。政黨果して主義政見を行ふの目的を有する政治團體なりとせば、之を二大黨に分立せしめんと欲すること、既に政黨の本性に違背す。國民各居る處の境に依り、觀る所の見に隨ひて、任意の政治團體を造りてこそ、眞に政黨の本性に合ふべきなり。斯の如く主義政見に固着して各黨分立するは政黨の本性には合ふべきも、是れ政黨の大をなす所以にあらず。故に政黨は勉めて政綱を曖昧にし、何れの方面にも融通し得らるゝ樣にするにあらざれば、多數を羅致するを得ざるなり。此に於てか大政黨を極度に擴充すれば、無主義無方針となり、主義政見を極度に固執すれば、一人一黨即ち無政黨に歸着す。小黨分立は正に其の中庸を得たる者にして、政黨が政黨の本領を保有する所以の所なり。人類は男女の兩性に兩分せらる、然れども政策は多角形なり。國民各欲する所に從ひて團結をなすは、固より之を拒むに由なし、小黨分立は自然の理なり。又一地方に根據するの黨派、例へば英國の愛蘭黨の如き獨逸の波蘭黨の如き、本來國家全局の利害を標準とせざる者と雖も、地方的利害を國家的政策の上に保持せんとするを目的となす者なれば、素より政黨たるの資格に缺くる所なし。況や國家政策上に於ける所見の異同に依りて成立する者は、其の標榜する政策の種類如何を論せず、人數の多少を問はざるは勿論なり。歐大陸に於ける政黨は主義政見に固着するの傾あり。是れ其の大同團を成す能はざる重なる原因にして、英國風の政黨と大に趣を異にする所とす。若夫れ政黨の本體を論ずれば、歐大陸の者を以て政理に合ふものとなすべし。斯く云へばとて英國の政黨を非とし、或は之を僞黨と見做すにあらず。英國には英國特有の事情ありて、彼の黨勢黨情を馴致したる者なれば、是れ實に英國特有の長所美點として之を敬重せざるべからず。然るに形勢事情の不同なる他國人が之を學ぶときは、到底僞黨たるを免れざるなり。歐大陸人が之を學ばんと欲して而も遂に學ぶを得ざるは、各國特有の國情が之を學ぶこと能はざらしむるなり。然るに歐大陸諸國人の英國に學ぶや、各其の國民性の本領を保ちつゝ之を學ばんとするに在り、決して模擬を事とせず。故に各國に於て英國風の政黨の起らざるは、則ち事實に於て英國風の政黨精神の行はるゝ所以なり。彼れ只精神を採りて形骸を採らざるなり。耻かしきとながら模擬を能事とする日本人は正に之と相反す。」大黨と小黨とを問はず、政權を競爭するは政黨の常なり。然るに小黨分立は一黨の力を以て競爭する能はず、必ず聯合して政府に當るを要す、獨佛諸國の實例即ち然り。其の爭ふに一黨の力を以てするを得ず、必ず數派聯合を要するは不便利なるに相違なし。然れども國の政治は政黨の便利の爲にせず、國家は政爭の便否如何を顧みざるなり。且政黨者の地位に立ちて之を觀るも、利害不同の數黨を聯合せしむるは容易ならずと雖も、政爭の場合に各派を聯合せんが爲に費す所の勞は、平日異主義異分子を同一團體の下に結合せしむる爲に費す所の勞苦と果して孰れか多少ぞ。爭權の可否は別問題として、大黨の對立と小黨の分立とは、政黨者流が終極の目的とする政權競爭の便否の上より觀る

二黨對立主義破る

も、未だ優劣を判別し易からざるなり。翻つて政黨の本領より觀察し、二大黨對立は不自然にして、各派分立の合理的なるを想ふこきは、英國の政黨を羨望するの全く理由なきを悟るに足らん。況や政黨の完美は二黨對立にありこするをや。何ぞ況や憲政の美は二黨更迭に依りて濟すべしこ謂ふをや。是れ殆ご癡人夢を談ずる者のみ。

英國の政黨こ雖も二黨對立の事實を保持する能はず、第三黨の發生を見るに至れり。勿論從來こても時こして離合の變なきにあらざりしが、而も尙對立の主義を失ふここなかりしこ雖も、彼の愛蘭自治黨が前世紀に起り、勞働黨が今世紀に起りたる如きは、保守、自由兩派に對して劃然たる區別を立てたる者にして、兩黨對立の主義は破壞せられたるなり。愛蘭黨は地方黨なるを以て、黨勢自ら局限せらるこ雖も、勞働黨の益々發展するの餘地あるは何人も疑はざる所なり。斯の如くして新黨分立の氣運は之を認むるを得るも、大同集結の傾向は何れの國にも發見するを得ず。二黨主義の本家たる英國に於てすらも、既に往年の形勢を保持することは能はざるに至りしなり。彼の特質を以てし彼の沿革を以てして、尙且然り、誰か事情形勢の全く同じからざる異域に二黨對立の怪現象を見るを得べしと夢想するや。民情政況の英國と相距るの遠からざる歐洲大陸諸國が、一として二黨對立の事實を現はさゞるに反して、誰か物情を異にし國體を異にする東洋の一國が、英國と同軌に出つるを必要なりと謂ふや。假にも我國に於て二黨對立の事實を現出することあらんか、眞に奇跡なり、然らずんば本邦人の模擬性漫然他國の制度を假裝するのみ。奇跡は素より遇ひ難し、模擬は必しも爲し得ざるにあらず。萬々一にも此の事ありとせば、禍を受くる者は國家民人なり。

本邦素より政黨なし我國の政黨は民選議院設立の建議に萌芽し、自由黨改進黨等の組織に至りて始めて其の形を成せり。民選議院設立の建議は明治七年一月副島、後藤、板垣、江藤等征韓論の議合はず失意の境に陷りたる人々より呈出せらる。呈出者は政見の當路者と相容れざるを以て、新たなる議院問題を捉へ、此問題に依りて政治上の野心を遂げんと企てたるなり。換言すれば議院問題を政爭の武器に利用したるなり。江藤前に斃れ、西鄕後に敗るゝに及び、在野の政權競爭者は、武力を以て爭ふの到底目的を達すべからざるを悟ること一層深く、飽くまで言論を以て競爭せんとするの決心をなすに至る。是より益、歐米の自由民權論を鼓吹し、歐米政治界の慣例制度を輸入して政府に突擊し、數年の後には政黨を組成するの運に達したり。彼の政權競爭者が往時に於ける如く武器を執つて起つことなく、言論を以て爭ふ

我國の小黨分立

に至りしは、實に時代の變遷にして。注意すべきの新現象たり。而して武力爭權の事が西南戰爭を以て全く終熄したるは、在野政治家の思想の進歩を嘉賞すると同時に、又在朝政治家の思想の進歩を嘉賞せざるべからず。抑、在野黨の反抗に際して在朝者が强力を用ゆるは往々見る所の事實にして、當時若强力を用ゐたらんには、或は反抗者を壓服し得たらんと雖も、時の政府は此の手段を取らざりき。啻に强壓せざりしのみならず、不平黨の勢力尙强からざるの時に於て、早く既に元老院を設け地方官會議を開き、勉めて民意採用の端を開けり。世人動もすれば國會開設は不平黨に動かされし結果なるが如く謂ふも、其實當時の在朝者は在野人士よりも進歩したる思想を有したることを看落すべからざるなり。

政黨は斯の如くにして發生したるが、其の發生が政黨の主要目的なる政爭に基いするは、即ち眞理の欺くべからざるを知るべきなり。明治二十三年國會の開かるゝ時に於ける政黨は、大同派(五十五名)改進黨(四十六名)愛國公黨(三十五名)保守黨(三十二名)九州進歩黨(二十一名)自由黨(十七名)自治黨(十七名)官吏(十八名)中立(六十九名)無所屬(二名)にして、恰も小黨分立の實況なるは勿論、官吏中立等は總て政黨に緣故なき者なり。其後各黨各派分合離集頗る頻繁にして殆ど送迎の遑あらざるも、一黨を以て過半數を占むるものなかりしが、明治三十年六月自由進歩の兩黨合同して憲政黨を組織するに至り、俄然として二百名を超ゆるの大政黨を現出せり。然るに由來異分子の混合體たる憲政黨は忽ち內訌を起し、成立以來僅に五ケ月の後分裂して憲政黨憲政本黨の兩體となりたり。尋て三十三年九月伊藤公統率の下に憲政黨員を基礎として政友會を組織したるも、未だ過半數を占むるを得ず、以て數年を經過せり。此間政友會は常に政府ご提携したるを以て漸く大をなし、憲政本黨は失意の地に在りて形勢益〻振はず。斯くて四十一年五月總選擧の結果、政友會は百九十二名の多數を占め、茲に始めて絕對多數の大政黨を現出するに至れり。政友會創立以來、政友會を中心こする內閣の組織せらるゝ者前後三回、其の內閣辭職するも尙後の內閣ご提携し、終始政權ご直接間接の簑緣を保ちたる政友會は、黨勢進むありて退くなく、大正二年十二月西園寺內閣辭職の時に於て二百十七名を保有したり。翻りて國民黨は九十名內外、中央派は三十餘名無所屬は四十餘名の少數を有するに過ぎず。政友會の獨り尨大なるに反して、各派の振はさるや甚太し。初め政友會の絕對多數を占むるや、政黨者流相賀して曰く、過半數の大政黨成立して憲法政治を圓滑に行ふべき目的の一半を達し得たり、剩す所は之ご對立する他の

主義は政黨を小にし政權は政黨を大にす

一大政黨を現出せしむるに在り、斯くて政界を兩分し始めて我黨の目的を遂ぐるに庶幾しご。其の意二大黨相對立して政權を遞次し、以て英國流の政黨內閣を成立せしめんごするに在り。是れ果して理由ある希望なる乎、抑、又成達し得べき企圖なる乎。英國政黨の特長を羨みて之に倣はんごするの志望や甚だ單純なり、彼れ其の政黨制を應用するこご理化學的發明品應用の如くせんご欲するなり。機械は移すべし生物は移し難し。何ぞ況や國勢民情を異にする邦國の間に發達したる政治的成例をや。政黨者の志望は到底一片の空想たるに過ぎざるなり。

主義に執着するの政黨は大をなすを得ず、政黨の大をなすは、主義に執着せずして政權競爭の目的に一致するに因る。政友會の大政黨ごなりしは、實に此の理由に外ならず。自ら政局に當り又は政府ご提携し妥協したるこごが、政友會を大ならしめたる唯一原因にして、進歩黨國民黨が大をなす能はざりしは、畢竟政權に遠ざかりたるが爲なり。政黨者或は謂はむ、是れ既往の事實のみ、將來は則ち然らず、現に桂公の新政黨成立せんごす、是二大黨對立の事實に近つける者なりご。予輩の見る所は之に反す。政友會にもせよ新政黨にもせよ、政權に接するの政黨は以て大をなすべく、政權を離るれば大を保つ能はず、從來政友會が主義を定立せず政見を固執せず、含垢忍辱多年政府ご相携へたる所以の者は、唯其の大を保たんが爲なり。其大を保つの政權の賜なる以上は、政權ご絶縁するの曉は推して知るべし。新政黨も亦此理に漏るゝ能はず、政權を有すれは大黨たるべく、政權を離るれば大を成す能はず。斯くて我國の大政黨は在朝黨の一黨のみにして、到底二大黨の對立を實現するを得ざるべき也。英國の如きは之に異なり、二黨對立して政權を競爭する既に數百年、黨派の旗幟分明にして競爭の儀禮完備し、黨派を離れては何人も政權に接するを得ず、黨派に依るに非されば何人も政見を行ふを得ず、政治上の秩序、整然として紊れず凛乎として侵すべからず。是れ英國に於て二大黨の對立する所以、他國の竟に學ぶ事能はざる所なり。誰か日本の政黨に於て、獨り能く之を學ぶべしと謂ふや。政黨者の言に曰く、訓練を重ね節制を加へ、以て二大黨對立を期成し得べしと。是れ猶百年河淸を待つが如し。歐洲諸國の政黨が訓練節制を重ぬる既に幾十百年、而して竟に英國流の政黨を現出するを得ざるは、即ち國情の不同に因る。英國と大陸との異同は固より英國と日本との異同の如くならず、而も彼に於て學ぶ能はざる所、我に於て學ぶを得べしと謂ふは不通の論なり。且我政黨界には最大喫緊の事あり、他なし主義政見を定立すること是れなり。我か政黨は應に此點に向つて進步を遂くべき必要あり、又實に此點に注意するの氣運に會せり。然るに主義政見を確立するの事は、即ち政黨をして大をなさしむる所以にあらざるが故に、小黨の分立は時勢の發展政黨の進步に伴ふ必然の現象たらずんはあず。

黨員と無所屬

本邦の政黨は尙未丁年時代に在り、其の內容未だ備はらず其の精神亦未だ整はず。之が黨員たる者は國民の一小部分に過ぎざるのみならず、名門鉅族高官識者多くは政黨に加はらず、又之に加はるを欲せず。故に政黨は政治界に於ける一小部分の人士を包羅するに留まりて固より事實上に政治界を左右するに足るの勢力を具有せざるなり。試みに政黨の國民全般に入るの廣さ如何を觀察せんか。明治四十一年五月十五日衆議院議員總選擧に於ける各派の得票は左の如し。

有權者總數　一、六〇八三三四

政友會得票	六一、三五〇四
進歩黨得票	二九、五三五六
大同派得票	九、四五三〇
猶興會得票	六、三八八二
合計即政黨得票	一〇六、七二七二
無所屬得票	五四、一〇六二

即ち各政黨に於て百六萬餘票無所屬に五十四萬餘票あり。又明治四十五年四月の統計は左の如し。

有權者總數	一五四、三二三四
政友會所屬	四一、三一七五
國民黨所屬	二二、八八六二
中央派所屬	五、五七一五
合計即政黨所屬	六九、七七五二

無所屬者　　八四、五四八二

前後二表を觀るに非常の差異あり、殊に前者は無所屬五十四萬餘なるに對して、後者は八十四萬餘の大數あり。此數字は政黨の勢力が年月を逐ひ漸次擴張せられ行くの事實と反對せり。是れ前者は投票の結果を示し、後者は投票前の調査なるの別あるに因るも、實は兩者共に其計數の不確實なるの致す所なり。然れども依りて以て知り得る所は、有權者總數の中、約半部は政黨に關係せざるの事實是れなり。而して黨派所屬に算入せらるゝ有權者と雖も、必しも政黨に固着する者にあらず、畢竟選擧場に於ける運動者の所屬別に過ぎざる事は、説明を待たざる所とす。事情此の如くなるを以て、國民の大部分は政黨と沒交渉にして國民の各黨派の勝敗を觀るや國技館の勝負を視るが如く、之に喝采する恰も贔負相撲に對するが如し。學者英國政黨の競爭を球戯に比喩す。彼ご是ごは意味同しからされごも、其の趣は殆ご相異ならざるなり。然れごも此の狀況か漸次變更せられ、選擧人の大多數が政黨所屬ごなるの日到來せんここは勢の免かれざる所ならん。而して政黨の勢力が國民全部に浸潤し、政黨が眞正の主義の上に立つの日あらば、世の識者名士も亦黨中の人ごなるに至るべきなり。

我が政黨は本來無主義無定見なり。明治二十九年に結黨したる進步黨の政綱に曰く、政弊を改革し責任內閣の完成を期す、外政を刷新し國權の擴張を期す、財政を整理し民業の發達を期すご。右の中所謂責任內閣ごは政黨內閣の意味なれば、是非は暫く措き主義ごしては政綱ごなすの價値あるも、其の他の個條に至りては國民中一人も之に不同意あるべからざる普通の言明にして、飯は食ふべし夜は眠るべしご謂ふに異ならず。明治三十三年に伊藤公の創立せし政友會の政綱も亦之と髣髴たり。即ち憲法を恪守し、國運を進め、政務を整頓し、外交を重んじ、國力を養ひ、教育を振作し、産業を奬勵せん云々と謂ふに過ぎず。誰か此政綱に對して一言の異議を挾むを得んや。其の政綱を茫漠にして多數人を包羅せんとするの趣意は之を諒す。然るに此等の政黨が國家の政策に對する態度を觀るに、反覆常なく進退度を失ひ、遂に一定の政見を執りて進むことなし。即ち民力の休養を極論するの黨派一朝豹變して增稅に贊成し、政費の減少を痛議するの傍ら、鐵道港灣の築設を濫興し、國勢の外展を切言するかと思へば、國防計畫に反對する等、其の定見なく定策なきは驚くに堪へたり。焉んぞ「一定の政見を實行せんことを期する永續的の團體」たるにあらんや。唯夫れ黨爭の目的を達せんが爲に、同類相求め同氣相和するのみ。政黨の本性を具へずして正に其の病弊を備ふるもの即ち我が現時の政黨なり。此故に政綱は何者をも網羅するに適する如く曖昧に造らるゝも、政綱の趣旨に依りて以て大をなす能はず、唯政權に接近することに依りてのみ大をなす、政權を離るれば則ち又瓦解する所以なり。

二大黨對立の空想

政黨の現狀は年月と共に改良せられ主義政見を取りて政界に爭ふの時期必ず到來せん。然るに政黨が主義政見を確立し、主義政見に固着するの時は即ち小黨分立の時なり。現今亦小黨分立の事實なきにあらざれども、今の分立は無主義の分立なり。主義に由るの分立は他日に待たざるべからず。惟ふに本邦人は由來名分を貴むの國民なり、政治思想の成熟するの日、主義政見に固着することゝ必ず歐洲大陸人に遜らざるものあらん。乃ち今の幼稚なる政黨界の狀況を觀て、失望するを要せざるなり。二大政黨の對立を期するは英國に心醉する一部黨人の夢想に過ぎず、予輩は本邦の政黨界は小黨分立に歸着すべきを確信す。此の如くにして主義政見に基づきて進退去就せば、政黨の弊、庶幾くは矯正せらるべく、以て政治界に於ける有用の機關たるを得ん。予輩は切に政黨が此の域に進まんことを祈るものなり。

第十章　政黨內閣制の批判

根據なき責任內閣論

政黨內閣說の唱道せらるゝや玆に年あり。此說今や通俗政治界を風靡して、殆ご政治機關の組織を左右せんごするの勢あり、所謂人氣の趨く所驚くべきなり。而して學者の輩學理を附會して大憲を曲解し、以て益、政黨人の惑ひを深くせしむ。憲政の前途實に寒心に堪へず。蓋政客の政黨內閣制を主張するは、憲法の旨義精神を明にせさるの過に坐するも、實は此名を假りて政權を競爭するなり。學者の曲解は、中外の國憲を混同するに基つくご雖も、畢竟世俗に迎合して學說を售るなり。相倚り相扶けて國民を欺罔す、其の罪輕少ならず。

明治二十九年中、時の進步黨が宣明せる政綱に曰く、我黨は「責任內閣の完成を期す」ご。此に責任內閣ご稱する者は政黨內閣を指すや勿論なり。同三十一年憲政黨の綱領は、明白に「政黨内閣を樹立し閣臣の責任を嚴明にす」と標榜せり。兩者の意味相同じく、目的亦異ならず。爾來此の思想は益、俗間に瀰蔓し、責任内閣、政黨内閣、議院政治等の語は政黨者間常套の用語となり、今や二大黨を對立せしめ政黨内閣制を實行するに依りて憲政有終の美始めて濟すべしと揚言し猛烈なる運動を起すに至れり。然るに我が内閣大臣は常に憲法上の責に任して未だ曾て免るゝことなし。即ち責任内閣の實は遺憾なく政治上に行はる、今更何の必要ありてか責任に重ぬるに責任を以てせん。政黨者亦此理を知らざるに非ず、唯其要求する所は、大臣をして議院に對して責任を負はしめんとするに在り、議會の嚮背に依りて閣臣の更迭を行ふこと、恰も英國の如くにして滿足せんと欲するなり。然るに帝國の大臣は天皇の大臣にして議會の大臣に非ず、其の責任は輔弼に對するの責任にして議會に對するの責任に非ず。輔弼の責に任するは、即ち天皇に對するの責任にして、天皇に對するは即ち國家に對するの責任たり。蓋國家に對する責任を、道德上より觀るごときは、自ら國民に對するの意を含む、究竟正理に對するの義なり。彼の一說に直接に君主に對して責に任し間接に人民に對して責に任すご謂ふが如きは、極めて曖昧の解釋たるのみならず、又實に事理に當らず。道德上より言へば、直接に君主に對して責に任するは、即ち同時に直接に國民に對して責に任する者たり。是れ天皇が至善の化身にて在らせらるゝに由り、始めて有たるゝの大義なり。天皇ご謂ふ寶位にあらざるよりは至善の化身たるを得ず、故に此の位にあらざれば此の義を有つ能はざるなり。議會は嘉猷善謀を獻するを目的ごなすも、固より至善の化身に非ず、議會は大臣の行爲を批評するを得るも、之を裁斷するを得ず。議會の嚮背に依りて大臣を左右するは帝國憲法の許さゞる所たり。此の義は既に大臣責任論の條下に詳論せり。

所謂政黨內閣

內閣が君主に對して責に任するは即ち責任內閣なり、議會に對して責に任するも亦責任內閣なり。然るに世俗責任內閣とは議會に對して責に任する場合を指せり。又責任內閣必しも政黨內閣ならざるに關はらず、世俗は之を混同一視す。而して政黨內閣は小黨聯立を妨けざるも、世俗は專ら二黨對立の場合を想定せり。予輩亦便に從ひ此意味に於ける政黨內閣制を批判せんとす。乃ち下文の所謂政黨內閣とは二大黨對立して政權を遞次し、一黨の人を以て內閣を組織し、閣員は議會に對して責に任する者是れなり。

大權侵犯

帝國憲法は斷して政黨內閣制を許さずと雖も、假りに政黨者の願望する如く此の內閣制が本邦に應用せられたりとせば、果して如何なる政治的現象を呈するならんか。是れ予輩が世人の考慮を煩はさんとする第一の要項なり。議會に於ける多數黨の嚮背が國務大臣の地位を左右するは、即ち議會が行政權を握る者に外ならず。斯くて立法行政の二權ともに議會に歸すれば、天皇の統治權を總攬し給ふの實は玆に消滅せん。事此に至りては名義形式の如何に拘らず、君主は虚器を擁して垂拱成を仰く者たり。蓋君主の虚器を擁するの實例は、外國に於て珍となさず。英國白耳義等の如きは其の著しきものたり。我國に於ける攝關時代又は武門時代は其の形を異にするも、其の實は之と相同じ。唯其の異なる所は政治の實權を有する者が、議會たり政黨たること、外戚たり將軍たることの別あるのみにして、權力虚盈の關係は毫も撰ぶ所なきなり。將軍は兵力を擁して政權を握り、政黨は多數の名を以て政權を握るの別あるも、君主の大權を侵犯するの事實は則ち一なり。將軍は子に傳へ孫に傳へて之を世襲し、政黨は甲より乙に傳へ乙より又甲に傳へて之を授受す、實は世襲すると同じ。共に君主の權力を以て之を與奪すること能はざるなり。而して君主が政黨より進めたる大臣を任命するは將軍宣下の場合と同じく、全く一場の虚儀たり、是れ實に政黨內閣制が實行せられたる曉に於けるの實景なり。此の狀態の下に於て、誰か君主の統治權を損傷せずと謂ふを得んや、誰か君主國體の事實此間に存在すと謂ふを得んや。

憲法は專制を防ぐ

立憲政治の精神は專制を防くに在り。其の專制者の君王たり貴族たり又は其の他の者たるを問はず、總て權力者が國民の權利利益を仰壓し損毀するを防ぐは憲法の目的なり。歐洲憲法政治が此の目的の下に發達し來れること旣に說けり。然れども我國にては君主は專制せず。此に專制せずと謂ふは獨裁せざるの義

天皇に専制なし

にあらずして、天皇に私心なきの意たるや勿論なり。天皇は國を以て家となし、民を以て體となす、即ち君臣同體なり。外部より來りて國民なる他の團體に臨むにあらず。天皇と引き離れたる日本國民なく、日本國民より引き離れたる天皇なし。首腦は頭部に位して、其感覺は全身に瀰る、手足を傷くれば、直に首腦の苦痛たり、民を損するは即ち君躬ら損する所以なり。此を以て天皇親政の名實共に全き時は、君臣調和して擧國一家の如し。故に我國に於ては君主の專制を防禦するの必要全く存在せず。隨つて帝國憲法中絕て天皇の專制を防がんとするの義なし。是れ憲法が欽定なるに依りて然るにあらずして、我が國體より顯はれたる自然の事實なり。實に帝國憲法は天皇の專制を防ぐの義なし、之に反して他の勢力が天皇の統治權を干犯せんとするを禁絕する事、寔に憲法の精神なり。歷史上に於ける大臣關白等の專橫、執權将軍等の専權は皆憲法の嚴に禁遏する所にして、昔時に現はれたる弊事は總て大憲に依りて除かるゝを得たり。然るに既往の弊事を除きたる代りに、新に弊端を啓き、天皇の統治權を干犯する者を生ぜんとす。政黨内閣制即ち是なり。是れ予輩が極力排斥する所以なり。

中正無私の正位

抑、輔國の大任は一族一階級の私すべき者に非ず。苟も此任に堪ふる者あるは、何人と雖も之に當るを得べく、其の族籍階級固より問ふ所にあらず。潛龍を草澤に起すも可なり、政黨の領袖を拔擢するも亦最も妙なり。人材を採るの場所に限界なし、唯之を採用するは一に大權の發動に待たざるべからざるのみ。然るに政黨内閣制は團體の意思を以て大臣を進退せしむるが故に、事實に於て君主は大臣任免の大權を喪失す、是れ君主國に於て斷して容れざる所なり。且假に此大義を別問題とするも、政黨なる者は

大臣奏薦の實質

國家の大臣を任免するの資格を有せず。蓋是非得失を裁斷するは、獨り中正無私の位に在りて之を能くすべし。政黨の本性は偏頗なり、中正無私と相容れず。中正無私は唯一の天位に宿在す。然れども予輩は政黨内閣論者の主張に一面の理由あることを無視する者に非ず。政黨者謂へらく、大臣は天皇の親任し給ふ所なれども、之を奏薦する者は左右の侍臣に外ならず、議會の嚮背に徵するは事實議會が奏薦するに同じ、之を左右に聽くと議會に聽くと、其の人言を聽きて採擇するは即ち一なり、而して少數の左右に聽くは寧ろ議會の大勢に徵するに若かざるなりと。予輩固より議會の嚮背が閣臣撰擇上に於ける最も重大なる要件たるを知る。然るに天皇は議會の嚮背を無視して親裁し給ふことなく、左右に聽くと同時に、議會の意嚮に徵し給ふこと憲法以來十數回に及べる閣臣更任の多くが議會の嚮背に依りて行はれたる事實を觀て明かなり。即ち議會が閣臣を奏薦するの義は實際上に行はる、必しも政黨內閣制を待つて行はるゝ所にあらざるなり。飜つて政黨者の要望する所は、議會の嚮背に依り直に內閣を更迭せしむるの原則を立てんとするに在り。此間に於て元首をして閣臣撰任の餘地を存せしめず、政黨の豫撰が直に親任の形式を以て發表せらるゝことを求むるに在り。是れ議會が閣臣を奏薦する者にあらずして、實に之を任免するなり、意見を上るにあらずして其意思を强行するなり。是れ豈議會が天皇の大權を干犯するものにあらずや。其事の憲法の許さゞる所なるは勿論、此場合に於ては下の如き不都合なる結果を生ず。即ち輔國の大臣を奏薦する者は、獨り過半數を議場に占むる一黨に限られ、左右の侍臣並に少數黨は之に與るを得ず、其の選に入る者亦一黨員に限られて、其他の者は全く除外せらるゝ事是れなり。

此の如きは多數黨以外の國民は輔國の任に當るの資格を褫奪せらるゝこと其の結果を同ふす。極めて不公平の制たり。

加之此の制の重大なる缺點は、閣臣の任免は至公至正を要するの理想に反するに在り。抑〻一黨の嚮背は國民一部分の嚮背にして、全部の嚮背に非ず。由來一部分の嚮背が國家の眞政策に合するや否やは一大疑問なり。然るに政黨內閣制の下に於ける內閣は、其の奏薦並に人選共に一黨に限らるゝを以て、一部分を以て全部を壓服する者たり。是れ此制の根本的缺點なり。之に反して左右に聽き議會に徵し、曇りなき至善の聖鑑に由りて親任せらるゝことは、閣臣其の人を得る最良の道にして、政治上最も宜しきに適するの方法なり。此の場合に於て左右の進言或は當を失ひて、人選上萬一の過なきを保すべからずと雖も、而も尙大體に於て公正を得るは疑ふべき者なし。況や曇りなき鏡に照して閣臣を採るの原則と始めより偏頗の缺點ある制度とを比較すれば、其の精神的効果の絶大なる差違あるをや。爲政の要は天意に則るに在り、天意に則りて然る後人事宜しきに適す。理想は高きを貴び、原則は完きを期す、利益を問ひ便宜を論するが如きは、共に政治を談ずるに足らざるなり。

失政累上の俗說

大臣が天皇に對して責を負ひ親裁に依りて任免せらるゝ時は、大臣の失政輙もすれば累を天皇に及ぼし、延いて皇位の尊嚴を毀損するに至らんと云ふの說あり。俗說往々人を惑はしむ、此說の如きも亦論理の取るに足らざるに拘らず、存外多數の信者あり。世間には政黨內閣制に由るときは、帝室は怨府たるを免かれ、尊嚴を傷ふことなしと聞きて此制に贊同する者あり。世俗の詒き易きや眞に此の如し。識者の最も注意を加ふべき所なり。抑、大臣失政の責任は大臣自己の責任なる事、責任論の章に述べたるが如し。然れども假りに此事が累を天皇に及ぼし奉るとせば政黨內閣制の大臣の失政も亦均しく累を及ぼし奉るや勿論なり。何となれば帝室內閣の大臣も政黨內閣の大臣も、齊しく陛下の親任に屬すればなり。然るに政黨內閣の大臣は其の名親任と謂ふも、其の實全く議院の意思に由るが故に、累を及ぼさずと謂はゞ、是れ政黨者は問ふに落ちずして語るに落つる者、彼等が天皇の大權を虛無に歸し參らするの心事を自白するなり。若し累を及ぼすを恐れ多しとして天皇の親裁を形式的にせんと欲すれば、天皇の地位を武門時代の如くにして、政黨內閣に對し將軍宣下の事を行はせらるゝを以て、皇室安泰の最良方法となすべし。德川時代に於ては、皇室を神祇に崇め奉り、伊勢大廟に配し奉らんとしたる者あり。無責任は無爲より甚しきはなし、皇室安泰の法豈之に過ぐる者あらんや。政黨者果して斯る意思を擁き冀望を有するや否。想ふに彼の徒の意必ず此に在らざるべく、唯累の天皇に及ばんことを憂慮し、政黨内閣制は此の憂慮を免かるゝを得べしと誤信するに過ぎざるならん。焉そ知らん、大臣親任の事は毫も天皇を累はし奉るの原因にあらず、而して政黨内閣制は天位を空虚に歸し奉ることを。政黨者假令不學と雖も未だ此の理に惑はじ、而して黨中の有識者を以て自稱する輩、尙如上の言をなして憚らざるは何ぞや。蓋し名を尊皇に假りて俗人を瞞著するのみ。

大臣專權の有無

或は曰はん、大臣中には人心を失ひ議會の反抗に逢ふも頑然として其の職に留まり、君主の信任を口實として失政を繼續し、竟に累を至尊に及ぼすことなきを保せず。是れ一片の杞憂、事實上有り得べからざる所なり。專制政體の下には之あるを得べく、立憲政體の下には則ち之あるを得ず。憲法の重んずべき所以、實に亦此に存す。豈政黨內閣制を待ちて後始めて此の弊を除くべしと言はんや。人心を失ふの大臣に對して、信任を賜はざるは言ふにも及ばず、議會の信望を失ひて不信任の決議を受け彈劾上奏案に逢ふが如き場合に、大臣尙其の職を頑守するは事情の不可能なる所なり。是れ外國の事例を始めとし、旣往二十餘年間の我政治史に於ける事實は、斯る場合ある每に閣臣の進退を決せしめたるに徵して明かに知らるゝ所にあらずや。勿論議會の反對に逢ふも毅然として屈せず、同一の內閣が二回以上の解散を重ぬることあるべしと雖も、此の如きは閣臣に確乎たる自信あり、所信を斷行するに非ざれば國家の政策に妨けあるの場合なり、斯る場合に斯る措置に出づるは、其の勇斷最も欽仰すべし。之に反して私心を抱き私利を營むが爲に、國論に反抗して妄進するが如きは、中古式宰相の爲す所にして、今世宰相の夢想せざる所、況や法規慣例の完備せる憲法政治の下に於て、宰相か蠻勇を揮ふの餘地は全く存せざるなり。豈翅だ立憲大臣が蠻勇（善悪ともに）を揮ふこと能はざるのみならんや、閣臣今や殆ど議會の奴隷の如く、柔順にして唯其の意に背かざらんことを惟れ勉むるは、我國に於て殊に顯著なる事實なり。故に閣臣は單り無法の解散を敢てせざるのみならず、又實に解散を賭して所信を決行するの勇氣だも存ぜざるなり。是れ或は議會の爲には好都合ならんも、國家の爲には悲むべき事なり。私心を擁きて議會と抗爭するは固より曲事たりと雖も、國家の政策に關して奮戰するは實に願ふ所なり、而して今や其の餘勇なし。焉んぞ政黨者の所謂議會の反抗に顧みず、失政を重ぬるが如き大臣の出現することあらんや。政黨者心を安んして可なり。思ふに政黨者の此の形勢を知るや詳なり。而も尙彼の說をなす所以の者は、是れ亦口實を設けて政黨內閣制の主張に便せんとするに外ならず。黨人狡智と謂ふべし。

之を要するに、政黨內閣制は帝國憲法の容れざる所、其結果は天皇の大權を干犯するに歸着す。而して之を應用すべき一必要なく、之を應用せざる一不便なし。政黨者流の故らに之を唱道するは、政權競爭の方便に供するに過ぎず。予輩は既に政權競爭を是認したり、政黨者流が反對派に對つて極力抗爭するを不可とせざるのみならず、主義政見に固着して反對派と政權を爭ふに於ては寧ろ之に聲援を與へんとす。然れども彼等が政爭の武器として政黨內閣制を擇めることを不可となす。政爭の武器は一にあらず、何ぞ必しも此の題目のみに限らんや。政黨者須らく反省すべし。

外國の事例

政黨者の多數は、立憲國の內閣は必ず政黨內閣にして、其の閣臣は何れも總更迭をなす如く思惟す。其の無識も亦甚だしと謂ふべし。立憲國なる獨逸は純然たる君主内閣にして、其の政黨は小黨分立なり、露國は由來君權の强大なる國にして、其内閣の帝室内閣なるや言ふまでもなし。而して獨露共に總更迭の事なきは上章に述べたり。佛國は小黨分立の政黨内閣なるも、内閣員の更迭は總更迭にあらずして、多くは一部の改造なり。米國の政局は政黨の左右する所なるも、其の實は委員會政治にして政黨内閣にあらず。獨り英國は政黨内閣制の醇にして精なる者なり。然れども英國の政黨内閣の今日あるは、政治上の必要より生じたるに非ずして政權競爭の結果なり、理論にあらずして歷史なり。英人假令政黨内閣を好まざるも、俄に之を廢棄する能はざるなり。是れ猶他國人が英國の制に倣はんと欲するも遂に企及する能はざるが如し。政黨者流多くは此の事情を詳にせず、漫に隣家の

更迭頻繁の弊

花を羨みて之を自邸に開かしめんと欲す。技の手折るべくして、其の幹の移すべからざるを知らざるなり。

政黨內閣制の政治上の良制にあらざることは、既に歐洲識者間に定論あり、歐大陸に於て今や何れの國民も英制を羨望する者なし。我が國體の此の制を容れざるは暫く之を措き、今に於て邦人が之を夢想するは、抑、時代後れの沙汰なり。他人の糟粕を嘗めて醉歌亂舞する黨人の痴態嗤ふべく憫むべし。

政務處辨の實地に就きて之を觀るも、政黨內閣制は不利なり。此の制の病弊は內閣更迭の頻繁にして、其の都度政策の變動を免かれざることここに在り。英國の內閣が他國に比較して長久を保つは、此制度の特惠なるも、是れ獨り英國に於て之あるを得べく、他國に於て望むべからず。英國に於て內閣の長久なる所以は、即ち他國の閣運が此制度を用ゆる場合に於て短促なる所以なり。佛國の內閣が頻々として更迭の禍に罹るは、主として英制模倣の結果なり。政黨者謂へらく、佛國政變の頻繁なるは小黨分立の餘響なり、若し二大黨對立すれば此の患なきを得んと。是れ二大黨對立の事實は英國の特有にして他國の學ぶを得ざる所なることゝ、小黨分立は自然の成行なることゝを忘るゝの言なり。政黨の嚮背に依りて內閣を進退せしむれば、其の壽命の短促なるべきは當然の勢にして又事實の之を證明する所なり、政黨者謂へらく、閣臣の更迭あるも國の政策は必しも之と共に變更するを要せずと。勿論國家の大策は多くの場合に於て閣臣の更迭と相關せず、然れども日常中外の政務は、必ず主務大臣の更任に依りて變更せらる。若主務大臣の更任あるも、毫も政務に異同なしとせば、是れ大臣をして無意味に更迭せしむる者、理應に之れあるべからざるなり。且政黨內閣の立脚地は多數の歡心を求むるに在るを以て、常に衆人の意思に左右せられ、其の政策は輙もすれば衆愚の冀望を標準となすことに在り。多數の思惟する所の者多くは國家眞正の政策に合せず、俗論の嚮ふがまゝに任じて國政を行ふときは、國家は遂に救ふべからざるの淵に陷ることと歷史の示す所なり。

中間の權力

元首の權力强健なるの時は國運の隆昌なるの時なり。獨逸國勢の强大なるは、實にカイゼルが實權を有して實地に活動せらるゝに因る。若獨逸をして政黨政治を行ふこと英國の如くならしめんか、決して今日の隆運を見る能はざるべきは容易に知得せらるゝ所なり。本邦に於ては之と趣を異にす。故に元首の權力强健なる時は國運隆昌の時と謂ふの語を改めて、天皇親政の時即ち天皇と臣民と密接して、其の中間に或る權力の存在することなき時は國運隆昌なりと謂ふを正當とす。斯く謂ふことは「元首の權力の强健なる」の意に解せられざるに非ざれども、其の精神に於て區別あるを知らざるべからず。抑我國に於て君民の中間に或る權力者の存在せざりし時代は、上世天皇親政の時代にして、降つて藤氏專權の世に於ては平安朝の初期、武門時代に於ては建武中興の時即ち是なり。彼の攝關時代並に武門時代を通して國民は果して如何の狀態に在りしぞ、是れ人の普く知る所にあらずや。學者或は北條氏數代の治績を稱し、又德川氏二百年の平和を賛す。是れ唯上流階級者の爲に大平を頌するのみ、當時幾百千萬の一般國民果して如何なる狀態に在りしやを眼中に置かざるの觀察なり。實に當時の庶民が奴僕の境遇に在り、衣服を織り米麥を作りて上級者を養ふの器械たりしに想ひ及ぶときは、其の所謂治績なる者の毫も難有からざるを悟るべし。要するに戰亂の時代と平和の時代とを問はず、或る權力者が中間に介在する時代は、國運振はず庶民の利益無視せらるゝ時代なり。政黨者乃ち曰く、議會の嚮背に依りて進退せざる大臣は遂に專權の弊に陷りて、殆ご攝關將軍の專權に類するの勢をなさんご。此の言の理由なきは既に之を說き盡せり。而して帝室內閣大臣の專權は憲法に依りて、及び政治上の成例に依りて之を防ぐを得べしご雖も、政黨內閣の專權に至りては竟に之を制馭する者なし。否な帝國憲法の斷じて此の制を容れざるは、即ち此の弊を未前に防遏する所以、政黨內閣制を拒絕するに非ざるよりは、政黨專橫の禍難を免かるゝの道、絕對に存在せざるなり。

政黨專橫を防ぐの道

結論

昨冬より今春に亘れる政治運動の狂態亡狀は、遠く尋常政爭の軌道を逸して、正しく一種の暴動たり。其の罪過を譴責するは自ら本論以外の問題なり。然るに其の原因を案すれば、畢竟大權政治に對する誤解ミ政權を獲得せんごする野心ミの抱合に在り。其の結果政黨政治論猛然ごして勃興し、政黨者流一氣呵成に英國流の政黨內閣を我國に組織せんご企つるに至る、實に近代の變態異觀たり。惟ふに政黨者が英國の憲政を羨みて之に做はんごするは一理なきにあらず、予輩亦深く其の情を諒すご雖も、如何せん其の政黨內閣制は英國の特有にして、他國の竟に學ぶを得ざる所なるを。蓋我國の英國に做ふべからざる所以は二大理由の上に存す。第一は日英國體の不同なり。英國の皇帝ご本朝の天皇とは國の元首たる國法上の地位相同じと雖も、我が天皇の、國の樞軸、民の根幹にましますす國體上の地位は全然英國の皇帝と同じからず。英國に於ては、政治の實權議院に在り、皇帝は垂拱成を仰ぐも、國家の安泰を保ち生民の昌榮を有つを得べし、我國に於ては則ち然らず。我國に於ては、大權本來天皇に在り、又絕對に天皇に在らざるべからず。若し政治の實權天位を離るゝが如きことありと假定せば、我が國は中心を失ひ、我が民は歸着を失ふ、即ち亂世にして、國家の安泰と生民の昌榮とは犧牲たり。是れ我が憲政の英國流たるへからざる根本の理由なり。第二は我國には英國の如き政黨なきことなり。英國の政黨は國民を基礎とするの政黨なり、我國の政黨は國民を基礎とせずして政治屋を基礎とす、英國の政黨は歷史を有す、我政黨に歷史なし、英國の政黨は訓練を有す、我政黨は粗製品なり、英國の政黨は大體に於て主義を有す、我政黨は無主義無政策なり。齊しく政黨の名を有して其の實の同しからざるや此の如し。且議員の各分子を檢分すれば、歐洲諸國の議員は人民の投票に依りて撰まれたる者なるに反して我國の議員は金錢を以て買ひ取りたる地位なり、所謂國民の意思を表明するの機關たるの名ありて其の實を缺く。此の如きの政黨と此の如きの議員とを以てして、直に英國流の政黨內閣制を學ばんと企つるは滑稽の沙汰無謀の極なり。英國人の多數は未だ我が政界の眞相を知らず、故に我政黨運動に對して時に諛辭を贈ることあり、此の實況を觀破する英人は、嘸かし冷笑を禁じ得ざるべし。政黨者中の思慮ある人士謂へらく、我が黨界の現狀未だ英國流の制度を學ぶに足らざれども、訓練修養の結果、竟に英國の實境に達するを得んと。予輩亦聊か其情を認めざるにあらず。然るに此の豫想は恨むらくは時勢の變遷を打算せざるの過失に坐す。今や政黨內閣制は其の國體と相容るゝの國に於てすらも既に不利と認められ、其の本家たる英國に於ても二黨對立の主義既に破れたるのみならず、先帝エドワード七世以來君主大權の活動目覺しき者あるの氣運に際す。此の時に當りて二黨對立の政黨內閣制を夢想するが如きは其の迂濶なる恰も電燈の世の中にランプを買ひ入るゝが如し。況や其の制の絕對に國體と相容れざるに於てをや。本論十章之を詳悉せり。願くは熟讀含味して冷靜に判定せよ。

著者一日某政治家と語る。政治家の曰く我國に於ける政黨內閣は種痘にて免疫せらるべしと豫想したり、然るに當今の形勢を以てすれば、殆ど眞症の天然痘を免れざらんとするが如し、眞に意料外のことなりと。若天然痘の所詮免れざるに於ては、體質の尙强健なる時に及んで、一日も速に經過するに如かずと雖、も、苟も豫防法の存する限りは百方手段を盡して免疫の術を講せざるべからず。況や流行地に於ては病勢既に下火となれる現狀に於てをや。然るに我が黨界の情形は政黨內閣制の實行を見ざれば止まざるの勢に在り。朝野人士亦殆ど其の勢の制すべからざるを認めんとす。但し此の形勢たるや一部の政客及び政論家の激發する所にして、國民の眞意に出づるに非ざるは勿論なり。遮莫既に此の形勢の存在するに於ては、經世家は此間に處して二重の手段を取らざるべからず。即ち先づ極力政黨內閣制の實現を豫防するの術を盡すことなり、第二は政黨內閣制の現出到底避くべからずとせば、之より生する所の結果を勉めて輕少にするの法を講することなり。最善の道は之を豫防するに在るは言を待たずと雖も、此の政策を遂行し得るは、獨り稀世の大政治家あるのみ。當今不幸にして未だ其の人を見るを得ず。止むを得ざれば則ち政黨內閣の成立を認容して、其の弊害を感受するに放任し、國民をして實物敎訓に依りて此制の國家民人に不利有害なるを悟らしむるに在り。唯此の途に出ることは、此制の行はれたる結果、國家政策並に國體上に拔くべからざる瘡痕を遺さんことを恐るゝなり。瘡痕の多少は主治醫の手腕如何に因る。

二黨對立して政權を遞次する英制の如きは事實上到底我國に行はるべからず。故に若我國に政黨內閣制の行はるゝことありとせば、必ず一大黨と數小黨との對立か、又は數小黨と數小黨との對立なるべし。何れの形を以て現はるゝにもせよ、國體と相容れず、國利民福と一致せざるは明白なれば、苟も日本國民が國民的精神を喪失せざる限りは、必ず飜然として開悟するの時あるべし。顧ふに本邦人古來外國の制度文物を應用し一時彼に風靡するも、或る年月を經過するに隨ひて固有の精神に復歸するを觀れば、政黨內閣制に對する惑溺も亦必ず覺醒の時期あるを確信し得べし。予輩殆ど黨界の現狀に絕望するに關はらず、尙一道の冀望を將來に置く者は、實に此事あればなり。

予輩が大權論を說き帝室內閣主義を唱道するや、政黨者流謂へらく、是れ官僚派を庇護し大臣政治を行はんとする者なり、其の結果大臣の政權を擅にする猶昔時に於ける閥族の如くならんとすと。政黨者中實に斯く信ずる者あり、斯く信ぜざれども黨略上故らに揚言する者あり。此言の誣妄なるは本論に詳なり、復び說くの要なし、之に反して大權論者中に政黨內閣論者の心事を疑ひて之を簒奪者に比し亂臣賊子に擬する者あり、蓋酷評なり。政黨者の君國に對する心事豈必しも大權論者に遜らんや。然れども政黨政治の結果政權の空虛に歸するは疑ふべき餘地なきを以て、政黨者の企圖は其の結果に於て簒奪と同じく到底不臣不義の行爲たるを免かれず。予輩深く政黨者の爲に之を悲む。要するに大權論者と政黨論者と齊しく帝國の臣民にして皇室の尊嚴及び生民の昌榮に就きての願望を同くする者、唯境遇を異にし聞見を異にするを以て、所信と立言とに差別を生ず。幸に靜に思ひ遠く慮るときは、政黨人亦能く國體を自覺し大權政治を理會するを得ん。果して能く自覺し理會せば、大權政治の國民全體の安寧昌福を目的とする者にして、即ち民本主義と一致するを發見すべく、同時に政黨政治が一黨一派の利益を目的となし、國利民福と矛盾するの政治なるを悟るに足らん。

國體擁護 日本憲政本論 終

大正二年三月一日印刷
大正二年三月五日發行

（定價金壹圓）

不許複製

著者　東京市四谷區右京町十番地　加藤房藏
發行者　東京市京橋區西紺屋町十六番地　中井眞三
印刷者　東京市京橋區木挽町二丁目十三番地　北村文重
印刷所　東京市京橋區木挽町二丁目十三番地　中屋商店印刷所

發行所
發賣所　東京市京橋區西紺屋町十六番地　長電話京橋 一二三四番、一二五四番共　良明堂

發賣所　東京市神田區淡路町二丁目　京華日報社

國體擁護日本憲政本論　　**別巻　1239**

2019(令和元)年 9 月20日　　復刻版第 1 刷発行

著　者　加　藤　房　藏

発行者　今　井　　　貴
　　　　渡　辺　左　近

発行所　信　山　社　出　版

〒113-0033　東京都文京区本郷 6 - 2 - 9 -102
モンテベルデ第 2 東大正門前
電　話　03（3818）1019
F A X　03（3818）0344
郵便振替　00140-2-367777（信山社販売）

Printed in Japan.

制作／(株)信山社，印刷・製本／松澤印刷・日進堂

ISBN 978-4-7972-7358-8 C3332

別巻　巻数順一覧【950～981巻】

巻数	書　名	編・著者	ISBN	本体価格
950	実地応用町村制質疑録	野田藤吉郎、國吉拓郎	ISBN978-4-7972-6656-6	22,000円
951	市町村議員必携	川瀬周次、田中迪三	ISBN978-4-7972-6657-3	40,000円
952	増補 町村制執務備考 全	増澤鐵、飯島篤雄	ISBN978-4-7972-6658-0	46,000円
953	郡区町村編制法 府県会規則 地方税規則 三法綱論	小笠原美治	ISBN978-4-7972-6659-7	28,000円
954	郡区町村編制 府県会規則 地方税規則 新法例纂 追加地方諸要則	柳澤武運三	ISBN978-4-7972-6660-3	21,000円
955	地方革新講話	西内天行	ISBN978-4-7972-6921-5	40,000円
956	市町村名辞典	杉野耕三郎	ISBN978-4-7972-6922-2	38,000円
957	市町村吏員提要〔第三版〕	田邊好一	ISBN978-4-7972-6923-9	60,000円
958	帝国市町村便覧	大西林五郎	ISBN978-4-7972-6924-6	57,000円
959	最近検定 市町村名鑑 附 官国幣社 及 諸学校所在地一覧	藤澤衛彦、伊東順彦、増田穆、関惣右衛門	ISBN978-4-7972-6925-3	64,000円
960	鼇頭対照 市町村制解釈 附 理由書 及 参考諸布達	伊藤寿	ISBN978-4-7972-6926-0	40,000円
961	市町村制釈義 完　附 市町村制理由	水越成章	ISBN978-4-7972-6927-7	36,000円
962	府県郡市町村 模範治績　附 耕地整理法 産業組合法 附属法令	荻野千之助	ISBN978-4-7972-6928-4	74,000円
963	市町村大字読方名彙〔大正十四年度版〕	小川琢治	ISBN978-4-7972-6929-1	60,000円
964	町村会議員選挙要覧	津田東璋	ISBN978-4-7972-6930-7	34,000円
965	市制町村制 及 府県制　附 普通選挙法	法律研究会	ISBN978-4-7972-6931-4	30,000円
966	市制町村制註釈 完　附 市制町村制理由〔明治21年初版〕	角田真平、山田正賢	ISBN978-4-7972-6932-1	46,000円
967	市町村制詳解 全　附 市町村制理由	元田肇、加藤政之助、日鼻豊作	ISBN978-4-7972-6933-8	47,000円
968	区町村会議要覧 全	阪田辨之助	ISBN978-4-7972-6934-5	28,000円
969	実用 町村制市制事務提要	河邨貞山、島村文耕	ISBN978-4-7972-6935-2	46,000円
970	新旧対照 市制町村制正文〔第三版〕	自治館編輯局	ISBN978-4-7972-6936-9	28,000円
971	細密調査 市町村便覧(三府四十三県 北海道 樺太 台湾 朝鮮 関東州)　附 分類官公衙公私学校銀行所在地一覧表	白山榮一郎、森田公美	ISBN978-4-7972-6937-6	88,000円
972	正文 市制町村制 並 附属法規	法曹閣	ISBN978-4-7972-6938-3	21,000円
973	台湾朝鮮関東州 全国市町村便覧 各学校所在地〔第一分冊〕	長谷川好太郎	ISBN978-4-7972-6939-0	58,000円
974	台湾朝鮮関東州 全国市町村便覧 各学校所在地〔第二分冊〕	長谷川好太郎	ISBN978-4-7972-6940-6	58,000円
975	合巻 佛蘭西邑法・和蘭邑法・皇国郡区町村編成法	箕作麟祥、大井憲太郎、神田孝平	ISBN978-4-7972-6941-3	28,000円
976	自治之模範	江木翼	ISBN978-4-7972-6942-0	60,000円
977	地方制度実例総覧〔明治36年初版〕	金田謙	ISBN978-4-7972-6943-7	48,000円
978	市町村民 自治読本	武藤榮治郎	ISBN978-4-7972-6944-4	22,000円
979	町村制詳解　附 市制及町村制理由	相澤富蔵	ISBN978-4-7972-6945-1	28,000円
980	改正 市町村制 並 附属法規	楠綾雄	ISBN978-4-7972-6946-8	28,000円
981	改正 市制 及 町村制〔訂正10版〕	山野金蔵	ISBN978-4-7972-6947-5	28,000円

巻数	書　名	編・著者	ISBN	本体価格
915	改正 新旧対照市町村一覧	鍾美堂	ISBN978-4-7972-6621-4	78,000 円
916	東京市会先例彙輯	後藤新平、桐島像一、八田五三	ISBN978-4-7972-6622-1	65,000 円
917	改正 地方制度解説〔第六版〕	狭間茂	ISBN978-4-7972-6623-8	67,000 円
918	改正 地方制度通義	荒川五郎	ISBN978-4-7972-6624-5	75,000 円
919	町村制市制全書 完	中嶋廣蔵	ISBN978-4-7972-6625-2	80,000 円
920	自治新制 市町村会法要談 全	田中重策	ISBN978-4-7972-6626-9	22,000 円
921	郡市町村吏員 収税実務要書	荻野千之助	ISBN978-4-7972-6627-6	21,000 円
922	町村至宝	桂虎次郎	ISBN978-4-7972-6628-3	36,000 円
923	地方制度通 全	上山満之進	ISBN978-4-7972-6629-0	60,000 円
924	帝国議会府県会郡会市町村会議員必携 附関係法規 第1分冊	太田峯三郎、林田亀太郎、小原新三	ISBN978-4-7972-6630-6	46,000 円
925	帝国議会府県会郡会市町村会議員必携 附関係法規 第2分冊	太田峯三郎、林田亀太郎、小原新三	ISBN978-4-7972-6631-3	62,000 円
926	市町村是	野田千太郎	ISBN978-4-7972-6632-0	21,000 円
927	市町村執務要覧 全 第1分冊	大成館編輯局	ISBN978-4-7972-6633-7	60,000 円
928	市町村執務要覧 全 第2分冊	大成館編輯局	ISBN978-4-7972-6634-4	58,000 円
929	府県会規則大全　附 裁定録	朝倉達三、若林友之	ISBN978-4-7972-6635-1	28,000 円
930	地方自治の手引	前田宇治郎	ISBN978-4-7972-6636-8	28,000 円
931	改正 市制町村制と衆議院議員選挙法	服部喜太郎	ISBN978-4-7972-6637-5	28,000 円
932	市町村国税事務取扱手続	広島財務研究会	ISBN978-4-7972-6638-2	34,000 円
933	地方自治制要義 全	末松偕一郎	ISBN978-4-7972-6639-9	57,000 円
934	市町村特別税之栞	三邊長治、水谷平吉	ISBN978-4-7972-6640-5	24,000 円
935	英国地方制度 及 税法	良保両氏、水野遵	ISBN978-4-7972-6641-2	34,000 円
936	英国地方制度 及 税法	髙橋達	ISBN978-4-7972-6642-9	20,000 円
937	日本法典全書 第一編 府県制郡制註釈	上條慎蔵、坪谷善四郎	ISBN978-4-7972-6643-6	58,000 円
938	判例挿入 自治法規全集 全	池田繁太郎	ISBN978-4-7972-6644-3	82,000 円
939	比較研究 自治之精髄	水野錬太郎	ISBN978-4-7972-6645-0	22,000 円
940	傍訓註釈 市制町村制 並ニ 理由書〔第三版〕	筒井時治	ISBN978-4-7972-6646-7	46,000 円
941	以呂波引町村便覧	田山宗堯	ISBN978-4-7972-6647-4	37,000 円
942	町村制執務要録 全	鷹巣清二郎	ISBN978-4-7972-6648-1	46,000 円
943	地方自治 及 振興策	床次竹二郎	ISBN978-4-7972-6649-8	30,000 円
944	地方自治講話	田中四郎左衛門	ISBN978-4-7972-6650-4	36,000 円
945	地方施設改良 訓諭演説集〔第六版〕	鹽川玉江	ISBN978-4-7972-6651-1	40,000 円
946	帝国地方自治団体発達史〔第三版〕	佐藤亀齢	ISBN978-4-7972-6652-8	48,000 円
947	農村自治	小橋一太	ISBN978-4-7972-6653-5	34,000 円
948	国税 地方税 市町村税 滞納処分法問答	竹尾高堅	ISBN978-4-7972-6654-2	28,000 円
949	市町村役場実用 完	福井淳	ISBN978-4-7972-6655-9	40,000 円

別巻　巻数順一覧【878 ～ 914 巻】

巻数	書　名	編・著者	ISBN	本体価格
878	明治史第六編 政黨史	博文館編輯局	ISBN978-4-7972-7180-5	42,000 円
879	日本政黨發達史 全〔第一分冊〕	上野熊藏	ISBN978-4-7972-7181-2	50,000 円
880	日本政黨發達史 全〔第二分冊〕	上野熊藏	ISBN978-4-7972-7182-9	50,000 円
881	政党論	梶原保人	ISBN978-4-7972-7184-3	30,000 円
882	獨逸新民法商法正文	古川五郎、山口弘一	ISBN978-4-7972-7185-0	90,000 円
883	日本民法鼇頭對比獨逸民法	荒波正隆	ISBN978-4-7972-7186-7	40,000 円
884	泰西立憲國政治攬要	荒井泰治	ISBN978-4-7972-7187-4	30,000 円
885	改正衆議院議員選擧法釋義 全	福岡伯、横田左仲	ISBN978-4-7972-7188-1	42,000 円
886	改正衆議院議員選擧法釋義 附 改正貴族院令,治安維持法	犀川長作、犀川久平	ISBN978-4-7972-7189-8	33,000 円
887	公民必携 選擧法規ト判決例	大浦兼武、平沼騏一郎、木下友三郎、清水澄、三浦數平	ISBN978-4-7972-7190-4	96,000 円
888	衆議院議員選擧法輯覽	司法省刑事局	ISBN978-4-7972-7191-1	53,000 円
889	行政司法選擧判例總覽―行政救濟と其手續―	澤田竹治郎・川崎秀男	ISBN978-4-7972-7192-8	72,000 円
890	日本親族相續法義解 全	髙橋捨六・堀田馬三	ISBN978-4-7972-7193-5	45,000 円
891	普通選擧文書集成	山中秀男・岩本溫良	ISBN978-4-7972-7194-2	85,000 円
892	普選の勝者 代議士月旦	大石末吉	ISBN978-4-7972-7195-9	60,000 円
893	刑法註釋 卷一～卷四(上卷)	村田保	ISBN978-4-7972-7196-6	58,000 円
894	刑法註釋 卷五～卷八(下卷)	村田保	ISBN978-4-7972-7197-3	50,000 円
895	治罪法註釋 卷一～卷四(上卷)	村田保	ISBN978-4-7972-7198-0	50,000 円
896	治罪法註釋 卷五～卷八(下卷)	村田保	ISBN978-4-7972-7198-0	50,000 円
897	議會選擧法	カール・ブラウニアス、國政研究科會	ISBN978-4-7972-7201-7	42,000 円
901	鼇頭註釈 町村制　附 理由 全	八乙女盛次、片野続	ISBN978-4-7972-6607-8	28,000 円
902	改正 市制町村制　附 改正要義	田山宗堯	ISBN978-4-7972-6608-5	28,000 円
903	増補訂正 町村制詳解〔第十五版〕	長峰安三郎、三浦通太、野田千太郎	ISBN978-4-7972-6609-2	52,000 円
904	市制町村制 並 理由書　附 直接間接税類別及実施手続	高崎修助	ISBN978-4-7972-6610-8	20,000 円
905	町村制要義	河野正義	ISBN978-4-7972-6611-5	28,000 円
906	改正 市制町村制義解〔帝國地方行政学会〕	川村芳次	ISBN978-4-7972-6612-2	60,000 円
907	市制町村制 及 関係法令〔第三版〕	野田千太郎	ISBN978-4-7972-6613-9	35,000 円
908	市町村新旧対照一覧	中村芳松	ISBN978-4-7972-6614-6	38,000 円
909	改正 府県郡制問答講義	木内英雄	ISBN978-4-7972-6615-3	28,000 円
910	地方自治提要 全　附 諸届願書式 日用規則抄録	木村時義、吉武則久	ISBN978-4-7972-6616-0	56,000 円
911	訂正増補 市町村制問答詳解　附 理由及追輯	福井淳	ISBN978-4-7972-6617-7	70,000 円
912	改正 府県制郡制註釈〔第三版〕	福井淳	ISBN978-4-7972-6618-4	34,000 円
913	地方制度実例総覧〔第七版〕	自治館編輯局	ISBN978-4-7972-6619-1	78,000 円
914	英国地方政治論	ジョージ・チャールズ・ブロドリック、久米金彌	ISBN978-4-7972-6620-7	30,000 円